Richard Webster – Die großen Erzengel: Gabriel

Richard Webster

DIE GROSSEN ERZENGEL

GABRIEL

**Vom Wirken der Erzengel
im Himmel und auf Erden**

tb
AQUAMARIN

1. Auflage 2010

Aquamarin Verlag GmbH
Voglherd 1 • D-85567 Grafing
www.aquamarin-verlag.de

Titel der amerikanischen Originalausgabe:
Communicating with the Archangel
Gabriel

Übersetzung aus dem Englischen: Astrid Ogbeiwi

Umschlaggestaltung: Annette Wagner

© Titelbild: MOK120144 #181 Angels with an oboe and a trumpet, 1861-62 (oil on panel) (see also 120143) by Stanhope, John Roddam Spencer (1829-1908)
St. Martin-on-the-Hill, Scarborough, North Yorkshire, UK
Martyn O'Kelly Photography

ISBN 978-3-89427-548-8

Druck: Bercker • Kevelaer

INHALT

Für meine guten Freunde
Dusty und Mary Cravens

EINFÜHRUNG

Engel sind Geistwesen. Ihre wichtigste Aufgabe ist es, Gott zu dienen und ihn anzubeten. Außerdem führen sie Gottes Aufträge aus und dienen auch der Menschheit auf vielfältigste Weise. So offenbaren sie göttliche Wahrheiten und helfen den Menschen, Erlösung zu finden.

Engel können ihre Gestalt wandeln und sind Menschen als Männer, Frauen und Kinder erschienen. So stellt man sich einen Engel gewöhnlich als ein schönes junges Wesen vor, das in fließende Gewänder gehüllt ist, einen Heiligenschein und mächtige Flügel trägt. Zuweilen mag dies durchaus zutreffen, aber Engel haben die Fähigkeit, in jeder beliebigen Form zu erscheinen.

Engel sind geschlechtslos, tragen aber die besten Eigenschaften von Männern und Frauen in sich, damit sie Gott möglichst vollkommen dienen können. Sie sind unsterblich in dem Sinne, dass sie nicht sterben wie wir. Doch leben sie nicht ewig, denn nur Gott ist ewig.

Das Wort „Engel" ist abgeleitet vom Griechischen *angelos*, was „Bote" bedeutet. Im Jahr 1951 erklärte Papst Pius XII. den Erzengel Gabriel zum Schutzheiligen der Postleute, was bedeutet, dass der göttliche Bote sich um die Menschen kümmert, die Botschaften übermitteln. Gabriel ist hier die erste Wahl, weil er sich einer alten jüdischen Legende nach Abraham mit den Worten vorstellt: „Ich bin der Engel Gabriel, der Bote Gottes."[1] Und natürlich überbrachte

1 Louis Ginzberg, *The Legends of the Jews*, Band 1, übersetzt von Henrietta Szold,

Gabriel die wichtigste aller Botschaften, als er die Jungfrau Maria besuchte und ihr sagte, dass sie Jesus Christus gebären werde.[2]

Engel wirken seit Tausenden von Jahren als Götterboten. Sie gelten in den meisten Religionen als Vermittler zwischen Gott und der Menschheit und erfüllen diese Rolle auch heute noch. So vermitteln sie auch zwischen Jesus und seinem himmlischen Vater.

Doch Engel sind viel mehr als bloß Wesen, die Botschaften überbringen. Sie umgeben ständig den Thron Gottes (1. Mose 32,2; Psalmen 103, 21; 1. Könige 22, 19; Hiob 1, 6). Sie haben ein untrügliches Empfinden für Recht und Unrecht (2. Samuel 14, 17). Sie freuen sich über jeden reuigen Sünder. Doch bestrafen sie, wenn nötig, die Bösen (1. Mose 22, 11; 2. Mose 14, 19; 4. Mose 20, 16; Pslamen 34, 7) und beschützen die Guten. Sie begleiten die Menschen im Gebet und geleiten die Seelen der Gerechten in den Himmel. Sie können ihre Gestalt ändern, sofern und wann immer das erforderlich ist. Das meinen die unvergänglichen Worte: „Gastfrei zu sein vergesst nicht, denn dadurch haben einige ohne ihr Wissen Engel beherbergt" (Hebräer 13,2). Die Engel wirken ohne Unterlass für Gott und werden bei der Wiederkunft Christi zugegen sein.

Nach islamischer Überlieferung werden jedem Menschen bei seiner Geburt zwei Engel zugeteilt. Der eine hält die guten Taten dieses Menschen fest, der andere schreibt die schlechten auf. Zum Glück werden die schlechten Taten erst erfasst, wenn der Mensch eingeschlafen ist, da ihm oder ihr auf diese Weise einige Stunden

The Jewish Publication Society of America, Philadelphia 1909

2 Ich könnte von Gabriel auch in weiblicher Form sprechen; denn wegen seiner Rolle als Beschützer von Schwangerschaft und Geburt wird Gabriel gemeinhin als weiblich betrachtet. Engel gelten jedoch als geschlechtslos (Matthäus 22, 30). Wenn sie in menschlicher Gestalt in der Bibel auftauchen, sind sie allerdings stets männlich. Künstler stellen Engel häufig als wunderschöne Frauen oder gesunde Kinder dar. In Wirklichkeit werden Engel meist eher als hell strahlende Wesen denn als Menschen wahrgenommen.

zur Reue verbleiben. Zeigt der Mensch diese Reue, wird in den Aufzeichnungen festgehalten, dass Gott ihm oder ihr vergeben hat.

Aber natürlich sind die Engel auch dazu da, die Guten und die Unschuldigen zu behüten. Die frühen Kirchenväter lehrten, dass jeder Mensch bei seiner Geburt einen Schutzengel bekommt. Der Engel erfüllt diese Aufgabe nicht nur als eine Pflicht gegenüber Gott, sondern auch aus einem Gefühl der Liebe zu dem Menschen, den er oder sie beschützt. Der Schutzengel wirkt für seinen Menschen, bis dessen Seele in den Himmel geleitet wird.

Wenn nötig, besucht der Schutzengel seinen Menschen auch im Fegefeuer. In seiner *Göttlichen Komödie* schildert Dante, wie Seelen im Fegefeuer von ihren Schutzengeln getröstet werden.[3] Raphael gilt als der Fürst der Schutzengel.

Auch Jesus bekannte seinen Glauben an die Engel (Matthäus 26, 53; Johannes 1, 51), und sie halfen ihm in kritischen Situationen. Nach Matthäus 4, 11 kamen Engel und dienten ihm, nachdem er vom Teufel versucht worden war. Am Ölberg kniete Jesus nieder, betete und sprach: „Vater, willst du, so nimm diesen Kelch von mir; doch nicht mein, sondern dein Wille geschehe! Es erschien ihm aber ein Engel vom Himmel und stärkte ihn." (Lukas 22, 42-43).

Die frühchristliche Kirche zeigte großes Interesse an allem, was mit Engeln zu tun hatte, und die Gelehrten versuchten sofort, sie in Gruppen oder Hierarchien einzuteilen. Die bekannteste Einteilung schuf im 6. Jahrhundert Dionysios Areopagita in seinem Buch *Die Hierarchien der Engel und der Kirche*. Die meisten späteren Engelordnungen stützen sich auf dieses Werk. Seine Einteilung ist folgende:

---

3 Dante Alighieri, *Die Göttliche Komödie*, verfasst zwischen 1300 und 1321. *Die Göttliche Komödie* gilt als eines der größten epischen Gedichte der Menschheit. Sie ist eine Schau, in der Dante die Hölle, das Fegefeuer und den Himmel besucht.

1. Seraphim
2. Cherubim
3. Throne
4. Herrschaften
5. Kräfte
6. Gewalten
7. Fürstentümer
8. Erzengel
9. Engel

Diese Liste überrascht in vieler Hinsicht, stehen doch die Erzengel an zweitletzter Stelle. Auch die Hierarchien des Heiligen Ambrosius, Hieronymus, Gregor und Johannes von Damaskus weisen ihnen diese Position zu. Allerdings stehen Erzengel zu beiden Seiten von Gottes Thron, was ihre Bedeutung zeigt. Dionysios ordnete seine Engel absichtlich so. Die höheren sorgen für kosmische Belange, während die niederen sich um irdische Angelegenheiten kümmern.

Für die christliche Kirche erwiesen sich die Engel als schwieriges Thema. Das erste Ökumenische Konzil im Jahr 325 akzeptierte die Engel als Realität und verfügte, dass die Menschen die Engelwelten nutzen sollten, um in den Himmel zu gelangen. Noch nicht einmal zwanzig Jahre später jedoch wurde dies für ungültig erklärt, da die Mitglieder des Konzils der Auffassung waren, dass das Interesse an Engeln die Aufmerksamkeit für Christus schmälerte. Im Jahr 787 kam die Siebte Ökumenische Synode zu dem Schluss, dass die Engel als Bindeglieder zwischen Gott und der Menschheit dienen können.

Im 13. Jahrhundert schrieb Thomas von Aquin (1225-1274) seine *Summa Theologiae*, die erklärte, wie Engel kommunizieren, wie sie reisen und warum sie für das Leben auf der Erde außerordentlich wichtig sind. Er glaubte, Engel seien reiner Intellekt, könnten aber ihre geistige Energie dazu nutzen, wenn nötig eine Form zu erschaffen.

Im 18. Jahrhundert schrieb der bedeutende schwedische Wissenschaftler und Philosoph Emanuel Swedenborg (1688 – 1772) mehrere Bücher über seine Kommunikation mit Engeln und seine Besuche im Himmel. Er meinte, nur wenigen sei es vergönnt, direkt mit Engeln zu sprechen, aber jedem sei es von Nutzen, mehr über sie zu erfahren.

Nach Swedenborgs Zeit ließ das Interesse an Engeln allmählich nach, und sogar den christlichen Kirchen wurden sie fast ein wenig peinlich. Im Laufe der letzten Jahrzehnte allerdings stieg das Interesse wieder stark an; Umfrage-Ergebnissen zufolge glauben 69% aller Amerikaner an Engel und 46% sind der Meinung, dass sie einen Schutzengel haben, der sich um sie kümmert. 32% der Amerikaner haben bereits einmal die Gegenwart eines Engels gespürt.[4] Ich bin sicher, diese Prozentsätze werden weiter steigen, weil immer mehr Menschen von der Welt der Engel erfahren. Ganz sicher gibt es immer häufiger Begegnungen mit Engeln, selbst bei Menschen, die zuvor noch keinerlei Interesse am Thema hatten.

Erzengel sind individualisierte Geistwesen, die mehr mit dem großen Ganzen als mit den Einzelheiten betraut sind. Sie befassen sich eher mit der Menschheit als Ganzer als mit einzelnen Vertretern der menschlichen Rasse. Deshalb kümmern sich Erzengel häufig um ganze Nationen, denn es geht ihnen eher um das Überleben und das Wohl des gesamten Landes als um das der Millionen Einzelwesen, die darin leben.

Die wichtigsten Kennzeichen der vier bekanntesten Erzengel sind vielen geläufig. Michael ist der Anführer der himmlischen Heerscharen und wird in der Kunst häufig als Schlangen- oder Drachentöter dargestellt, wobei die Schlange oder der Drache für den *Satan* steht.

---

4 Harold Bloom, *Omens of the Millenium: The Gnosis of Angels, Dreams and Resurrection*, Riverhead Books, New York 1996

Er schenkt Mut und Führungsstärke. Gabriel ist der Gottesbote und wird in der Kunst meist auch so dargestellt. Die Verkündigung, bei der Gabriel Maria sagt, dass sie einen Sohn gebären wird, ist das bedeutendste Beispiel. Gabriel schenkt Inspiration, Intuition und Kommunikation. Raphael ist der Hüter der Menschheit und wird oft als Pilger oder Reisender gezeigt. Er ist der göttliche Arzt und schenkt Mitgefühl und Heilung. Uriel ist der Deuter von Prophezeiungen und hat gewöhnlich eine Schriftrolle oder ein Buch bei sich. Meist wird er auf dem Weg nach Emmaus dargestellt, als er dort den Jüngern begegnete (Lukas 24, 13 – 35). Uriel schenkt göttlichen Frieden und Hingabe.

Jeder Erzengel hat einen eigenen Zuständigkeitsbereich und ist meist mit dem großen Ganzen befasst. Ihre Aufgabe ist es, der Menschheit als ganzer zu helfen. Aber sie sind auch bereit, Ihnen immer zur Seite zu stehen, wenn Sie sie benötigen. Um ihre Hilfe oder Führung zu erbitten, genügt es, sie nur zu fragen.

Dieses Buch möchte Ihnen zeigen, wie Sie mit Gabriel arbeiten können. Er möchte Ihnen helfen, Ihre Grenzen zu überwinden und Ihre Ziele zu erreichen. Es kann allerdings auch sein, dass er Sie bittet, ihm auf die eine oder andere Art zu helfen. Wenn dies geschieht, dann hat er Sie für eine Aufgabe auserwählt, die allen dient.

Sobald Sie sich Engeln und Erzengeln erst einmal geöffnet haben, werden Sie immer spüren, wenn die Engel Sie besuchen, und Ihr Leben wird in vieler Hinsicht schöner und erfüllter.

Gabriel wartet schon. In Kapitel Eins beschäftigen wir uns mit seiner Geschichte und damit, wofür er steht. Danach werden wir über die verschiedenen Möglichkeiten sprechen, mit Gabriel zu kommunizieren. Natürlich wird Ihr Leben dadurch nicht vollkommen, aber die regelmäßige Kommunikation mit Gabriel sorgt dafür, dass Sie den einmal eingeschlagenen Weg beibehalten und Ihre Lebensaufgabe in dieser Inkarnation erfüllen können.

1

WER IST GABRIEL?

Und im sechsten Monat wurde der Engel Gabriel von Gott gesandt in eine Stadt in Galiläa, die heißt Nazareth, zu einer Jungfrau, die vertraut war einem Mann mit Namen Josef vom Hause David; und die Jungfrau hieß Maria. Und der Engel kam zu ihr hinein und sprach: Sei gegrüßt, du Begnadete! Der Herr ist mit dir! Sie aber erschrak über die Rede und dachte: Welch ein Gruß ist das? Und der Engel sprach zu ihr: Fürchte dich nicht, Maria, du hast Gnade bei Gott gefunden. Siehe, du wirst schwanger werden und einen Sohn gebären, und du sollst ihm den Namen Jesus geben.

Lukas 1, 26-31

Gabriel ist einer der beiden Engel, die in der Bibel namentlich erwähnt werden. (Der andere ist Michael. Raphael wird in den Apokryphen erwähnt, den Zusatzschriften zum Alten und Neuen Testament, die nicht offiziell in die Bibel aufgenommen wurden.) Gabriel, Michael und Raphael sind die einzigen drei Erzengel, welche die Katholische Kirche anerkennt. Der Name „Gabriel" bedeutet „Gott ist meine Stärke" oder „Gott ist mächtig". Die Namen aller Erzengel enden auf –el. *El* bedeutet helles Licht oder Strahlen. *Gabri* bedeutet „Herrscher". Eine direkte Übersetzung des Namens Gabriel lautet daher „Herrscher des Lichtes". In der *History of*

Joseph the Carpenter[5] wird Gabriel als „der Herold des Lichtes" bezeichnet.

GABRIEL IN DER CHRISTLICHEN TRADITION

Gabriel tritt in der Bibel bei wichtigen Anlässen als Bote auf. Das berühmteste Beispiel ist sein Erscheinen bei der Jungfrau Maria, als er ihr sagte, sie solle sich auf die Geburt Jesu Christi vorbereiten (Lukas 1, 26-38). Das berühmte katholische Gebet „Gegrüßet seist du, Maria" gilt als Gabriels Gruß an Maria, als er ihr erschien.[6] Auch der Koran enthält in der dritten Sure (45-51) einen Bericht von dieser Begegnung, die gemeinhin als die *Verkündigung* bezeichnet wird.

Gabriel erschien außerdem Zacharias und sagte ihm, dass er und seine Frau Elisabeth sich auf die Geburt von Johannes dem Täufer vorbereiten sollten (Lukas 1, 5-25). Einer uralten Legende nach verkündete Gabriel auch die Geburt von Samson. Wegen seiner engen Verbindung zur Mutterschaft wird Gabriel zuweilen auch als „Engel der Hoffnung" bezeichnet, und Frauen, die schwanger werden möchten, rufen ihn manchmal um Hilfe an. Nach jüdischer Überlieferung unterweist Gabriel das Baby während der neun Monate im Mutterleib.

Viele Christen glauben auch, dass Gabriel bei mindestens drei weiteren wichtigen Vorkommnissen im Leben Jesu eine bedeutende Rolle spielte. Sie glauben, dass Gabriel der Engel war, der Christi Geburt

---

5 Anonymous, *History of Joseph the Carpenter* in J. L. Warr, *Christian Pseudepigraphic Texts*, edited by Lionel Sumner, Seager and Sons, Edinburgh 1911. In diesem Buch wird Gabriel auch als der "Engelsfürst" bezeichnet. An anderer Stelle im selben Buch wird dieser Titel allerdings auch Michael zugesprochen. Nach der jüdischen Angelologie steht Michael über Gabriel und ist der einzige Erzengel, dem der Titel „Fürst" zukommt. Dies geht zurück auf Daniel 12, 1: „Zu jener Zeit wird Michael, der große Engelsfürst, der für dein Volk eintritt, sich aufmachen."

6 Vollständig lautet dieses Gebet: „Gegrüßet seist du, Maria, voll der Gnade, der Herr ist mit dir, du bist gebenedeit unter den Frauen, und gebenedeit ist die Frucht deines Leibes, Jesus. Heilige Maria, Mutter Gottes, bitte für uns Sünder jetzt und in der Stunde unseres Todes. Amen"
Nach anderer Auffassung begrüßte Elisabeth mit diesen Worten Maria, als diese sie besuchte (Lukas 1, 42), d. Ü.

den Hirten verkündete. Gabriel war es auch, der Maria und Josef vor den Soldaten des Herodes warnte, die den neu geborenen König suchten. Und schließlich glauben viele Menschen, dass Gabriel nach der Auferstehung den Stein wegrollte, der Jesu Grab verschloss.

Auch im Alten Testament taucht Gabriel bereits auf, und zwar als er Daniel half, die Symbolik seiner seltsamen Träume zu verstehen (Daniel 8, 16–27). Daniel hatte von einem Widder mit zwei Hörnern geträumt, der von einem Ziegenbock mit einem Horn besiegt wurde. Gabriel sagte ihm, der Widder symbolisiere das Reich der Meder und der Perser. Der Ziegenbock symbolisiere den König der Griechen, der kommen und sie vernichten würde. Schließlich würde dieses neue Königreich in vier Teile geteilt. Diese Vision traf fast zweihundert Jahre später ein, als Alexander der Große mit seiner Armee den größten Teil der damals bekannten Welt eroberte. Gabriel besuchte Daniel noch einmal und berichtete ihm vom Kommen des Messias und der Zerstörung Jerusalems (Daniel 9, 21-27). Deshalb gilt Gabriel als der Erzengel der Träume, der Vorahnungen und der Hellsichtigkeit.

Eine Legende über Gabriel berichtet von einem Brief, den er angeblich im Jahre 78 n. Chr. schrieb und der „die Gebote Jesu Christi“ enthielt. Dieser offensichtlich gefälschte Brief wurde zur Reliquie der frühchristlichen Kirche, und es entspann sich eine umfangreiche Historie um ihn. Anscheinend war der Brief mit weiterer Korrespondenz an und von Jesus im Jahre 98 n. Chr. unter einem großen Felsbrocken gefunden worden, den ein kleines Kind verrücken konnte. In die Unterseite des Felsbrockens waren die Worte gemeißelt: „Gesegnet ist, wer mich umdreht.“

Offensichtlich existierten diese auf Hebräisch verfassten Briefe bis ins frühe 19. Jahrhundert. Die Originale waren allerdings nie geschrieben worden. Kopien der Briefe wurden in England als Glücksbringer verkauft und man glaubte, sie garantierten eine sichere Entbindung und schützten vor „Pestilenz, Blitz, Donner und anderen Übeln, wie durch die Worte Jesu selbst bestätigt".[7]

Eine alte Klosterschrift erzählt, wie der Teufel sich einmal als Gabriel ausgab:

„Der Teufel erschien einem Bruder als Engel des Lichtes verkleidet und sprach zu ihm: ‚Ich bin Gabriel und ich wurde dir gesandt.' Der Bruder sprach zu ihm: ‚Sieh, ob es nicht jemand anderer ist, dem du gesandt wurdest; denn was mich angeht, so bin ich dessen nicht würdig.' – und sofort verschwand der Teufel."[8]

Im Mittelalter wurde die Angelus- oder Ave-Glocke häufig als die Gabriel-Glocke bezeichnet. Das Angelus-Gebet ist eine römisch-katholische Anbetung, die dreimal täglich rezitiert wird, meist um 6 Uhr morgens, 12 Uhr mittags und 18 Uhr abends. Um diese Stunden wird zu Ehren der Verkündigung die Angelus-Glocke geläutet. Das Gebet beginnt mit den Worten *Angelus Domini nuntiavit Mariae*, was bedeutet „Der Engel des Herrn brachte Maria die Botschaft".

Viele Jahre später, so glaubt man, besuchte Gabriel Johanna von Orléans und forderte sie auf, dem Dauphin zu Hilfe zu eilen und einen Lebensweg einzuschlagen, auf dem sie unter anderem 1431 die Bevölkerung von Orléans von den Briten befreien sollte.

Eine Sekte aus dem 19. Jahrhundert, die sogenannten Harmonisten, behaupten, Gabriel sei ihrem Gründer George Rapp (1757 – 1847) in New Harmony erschienen und habe sogar seinen Fußabdruck auf einer Kalksteinplatte hinterlassen, die noch heute im Hof des Anwesens Maclure-Owen zu besichtigen ist.[9]

1862 erschien Gabriel in Neuseeland dem Maori-Propheten Te Ua Haumene und verlieh ihm die Kraft, sich aus den Stricken zu

---

7 Jocelyn Rhys, *The Reliquary: A Collection of Relics*, Watts and Company, London 1930.

8 Anonymus, *Apophthegmata Patrum*, übersetzt von B. Ward, zitiert aus: B. Ward, *The Wisdom of the Desert Fathers*, Fairacres Press, Oxford 1975

9 James R. Lewis and Evely Dorothy Oliver, *Angels from A to Z*, Gale Research Inc., Detroit 1996.

befreien, mit denen er gefesselt war. Te Ua sagte später, Gabriel, Michael und „eine unzählige Schar dienstbarer Geister" seien um ihn herum erschienen.[10]

Nach christlicher Überlieferung ist Gabriel der Engel, der am Tag des Jüngsten Gerichts die Posaune bläst und die Toten auferweckt. Die Muslims schreiben diese Aufgabe Israfel zu. Cole Porter verarbeitete dieses Thema in dem Lied *Blow, Gabriel, blow* aus seinem Musical *Anything Goes* von 1934.

GABRIEL IN DER ISLAMISCHEN TRADITION

Der islamischen Überlieferung nach unterwies Gabriel Noah im Bau der Arche. Gabriel befahl außerdem den Schutzengeln, Noah Holz von den berühmten Libanon-Zedern zu bringen. Noah baute sein Schiff aus 124.000 Holzplanken, und auf jeder war der Name eines Propheten geschrieben. Gott sandte einen Engel, der jede einzelne Planke für die Arche genau inspizierte, um sicherzugehen, dass sie unversehrt war.

Als Gibrail oder Djibril, das islamische männliche Äquivalent zu Gabriel, erschien Gabriel auch dem Propheten Mohammed und diktierte ihm kapitelweise den Koran. Gabriel erschien Mohammed in Gestalt verschiedener Personen, aber eines Tages fragte Mohammed, ob er ihn so sehen könnte, wie er wirklich aussähe. Zur vereinbarten Zeit stand Gabriel mit ausgebreiteten Flügeln da, und seine Gestalt erfüllte den gesamten Himmel. Einmal sah er Gabriel in einer Wolke, und bei anderer Gelegenheit zeigte er seine Macht, indem er mit sechshundert Flügeln gleichzeitig schlug.[11]

---

10 Te Ua Haumene, zitiert in Brownwyn Elsmore, *Like Them That Dream: The Maori and the Old Testament*, The Tauranga Moana Press, Tauranga (Neuseeland) 1985.

11 Maulana Muhammad Ali, *The Religion of Islam, A Comprehensive Discussion of the Sources, Principles and Practices of Islam*, National Publication and Printing House, Vereinte Arabische Republik, ohne Jahr.

Nach islamischer Überlieferung ist Michael fünfhundert Jahre älter als Gabriel, außerdem Gabriel übergeordnet. Im Himmel ruft Gabriel die Menschen zum Gebet, Michael hingegen leitet die Gebete.

Bevor er den Ruf von Allah erhielt, verbrachte Mohammed einen Großteil seiner Zeit meditierend in der Berghöhle Hira, wenige Kilometer nordwestlich von Mekka. In dieser Höhle befand er sich, als ihm der Erzengel Gabriel erschien und die Nachricht überbrachte, Gott habe ihn auserwählt, um die Menschheit wieder auf den Pfad der Rechtschaffenheit zu führen. Offensichtlich kehrte Mohammed nach Gabriels erstem Besuch durchaus etwas beunruhigt von dem Erlebnis zu seiner Frau Khadija zurück. Nach Gabriels zweitem Besuch jedoch kam Mohammed mit der Gewissheit nach Hause, dass er nun wusste, was er zu tun hatte. Das Resultat war der Islam. Khadija war Mohammeds erste Konvertitin zum neuen Glauben.

Die Muslims glauben außerdem, dass Gabriel Abraham den schwarzen Stein der Kaaba überreichte. Auf der jährlichen Pilgerreise nach Mekka küssen die Muslims diesen Stein. Der Legende nach heißt es, dieser Stein sei ursprünglich weiß gewesen und nach und nach schwarz geworden, weil er die Sünden der Menschheit auf sich genommen habe. Im Hadith, einem der wichtigsten heiligen Bücher des Islam, wird Gabriel als *al-Námas al-akbar* bezeichnet, also als „der große Engel, dem geheime Botschaften anvertraut sind".

Als Mohammed in den Himmel auffuhr, geleitete ihn Gabriel, der islamische Engel der Wahrheit, durch alle sieben Himmel. In jedem Himmel begrüßte ihn ein biblischer Prophet. Am Eingang zum sechsten Himmel begrüßte ihn Moses, und als Mohammed weiterging, weinte Moses. Auf die Frage nach dem Grund dafür, antwortete Moses: „Ich weine wegen eines jungen Mannes (Mohammed), der nach mir gesandt wurde und aus dessen Gemeinschaft mehr Leute ins Paradies kommen werden als aus meiner."[12]

12 Al-Baghawî, *Mas bîh al-Sunna*, Band 2, Khairiya Editions, Kairo 1900.

Eine faszinierende Geschichte der Sufis erzählt, wie Gabriel Moses dabei half, die Thora auf goldene Tafeln zu schreiben. Gott sandte Gabriel sowie neunundneunzig weitere Engel, damit er den dazu erforderlichen Grad an Reinheit erreichen konnte. Jeder Engel stand für einen Aspekt Gottes, und sie lehrten ihn 124.000 Wörter. Mit jedem neuen Wort wurde Moses auf eine neue Ebene gehoben, bis er nur noch reines Licht sehen konnte. Als er diesen Zustand erreicht hatte, bat Gabriel die anderen Engel, ihre jeweiligen besonderen Attribute in ihn zu ergießen. Danach erfüllte Gabriel das Herz des Moses mit dem Wissen, das auf den Tafeln niedergeschrieben werden sollte. Außerdem lehrte er Moses die Herstellung von Gold, und auf seinen selbst geschaffenen Tafeln schrieb Moses die Thora nieder.[13]

Gabriel kennt alle Sprachen der Welt und lehrte Joseph in einer einzigen Nacht alle siebzig Sprachen, die im Turm zu Babel gesprochen wurden. Diese Fähigkeit machte Joseph von einem niederen Sklaven zur zweitwichtigsten Person im Land, noch vor allen Fürsten des Pharao.[14]

Wie alle Engel, kann auch Gabriel, wenn nötig, seine äußere Erscheinung ändern. Als Abraham ihn erblickte, kam er zum Beispiel in Gestalt eines Mannes. Als er Mohammed erschien, verdeckte sein Körper die Hälfte des Himmels. Und das Erlebnis des Sufis Ruzbehan Baqli ist wieder völlig anders:

„Im ersten Rang sah ich Gabriel, wie eine junge Frau oder wie der Mond unter den Sternen. Sein Haar fiel in langen Locken herunter wie das einer Frau. Er trug ein rotes Gewand mit grüner Stickerei ... Er ist der schönste aller Engel ... Sein Gesicht ist wie das einer roten Rose.“[15]

---

13 Shaykh Muhammad Hishim Kabbani, *Angels Unveiled: A Sufi Perspective*, Kazi Publications Inc., Chicago 1995.

14 Louis Ginzberg, *The Legends of the Jews*, Band 2, übersetzt von Henrietta Szold, The Jewish Publication Society of America, Philadelphia 1920.

15 Ruzbehan Baqli, zitiert in Peter Lamborn Wilson, *Engel*, Kohlhammer, Stuttgart 1981

Eine der erstaunlichsten Geschichten über Gabriel entstammt muslimischer Überlieferung und besagt, dass er den Kaffee erfand. Offenbar war Mohammed äußerst müde und kurz vor dem Einschlafen. Gabriel brachte ihm eine Tasse Kaffee, und der gab ihm die Kraft, nicht nur vierzig Reiter zu besiegen, sondern auch vierzig Frauen zu beglücken.

GABRIEL IN DER JÜDISCHEN TRADITION

Im Talmud, dem wichtigsten weltlichen und geistlichen Gesetzbuch des jüdischen Glaubens, wird Gabriel als der Vernichter der Heerscharen des Sanherib dargestellt. Außerdem gehört er zu den Engeln, die Moses begruben und Joseph den Weg wiesen.

Auch in der jüdischen Kabbala spielen Engel eine wichtige Rolle. Die Mitternachtswache wird im Zohar häufig erwähnt und gilt als kabbalistische Übung. Jeden Abend betritt Gott das Paradies, um dort mit den Rechtschaffenen zu feiern. Die Bäume stimmen Lobgesänge an, und ein Wind von Norden bringt einen Funken, der dem Erzengel Gabriel unter die Flügel fährt. Dieser Funke ist das göttliche Feuer. Gabriel schreit auf und weckt damit alle Hähne, die sofort anfangen zu krähen. Das weckt die Frommen, die sodann bis zum Morgengrauen die Thora studieren. Die Kabbalisten glauben, dass die Kraft der Geister und Dämonen nur bis zum ersten Hahnenschrei währt.[16]

Gabriel wird mit dem Mond assoziiert. Einer uralten jüdischen Legende zufolge lehrte Gott in Begleitung von Gabriel und Michael Moses die Feinheiten des Kalenders einschließlich der unterschiedlichen Mondphasen.[17] Jedem der sieben Planeten, die die Alten sehen konnten, wurde ein Engel zugewiesen:

---

16 Gershom Scholem, *Zur Kabbala und ihrer Symbolik*, Frankfurt 2001.

17 Louis Ginzberg, *The Legends of the Jews*, Band 2.

Sonne – Raphael
Venus – Aniel
Merkur – Michael
Mond – Gabriel
Saturn – Kafziel
Jupiter – Zadkiel
Mars – Samael

Gabriel ist dem Element Wasser verbunden. (Einigen Überlieferungen nach jedoch wird Gabriel dem Element Luft zugeordnet, und im dritten Buch Henoch heißt es, Gabriel herrsche über das Element Feuer.) Deshalb gilt er als der Erzengel der Ströme, Flüsse, Meere und Ozeane. Er wacht über alle See-Reisenden. Weil das Wasser wie auch der Mond die Gefühle symbolisieren, ist Gabriel ebenso der Erzengel der Gefühle. Der Mond steht zudem für Weiblichkeit, und Gabriel behütet deshalb die Frauen, aber auch die weiblichen Anteile des Mannes. Die Verbindung zum Mond bedeutet ferner, dass Gabriel den Montag regiert und der Mondstein der ihm zugeordnete Edelstein ist.

Nach Henoch leben die Erzengel Michael und Gabriel im siebten Himmel und stehen zur Rechten und Linken Gottes. Dennoch herrscht Gabriel über *Makon*, den sechsten Himmel, Michael hingegen über *Arabot*, den siebten Himmel. Das Buch Henoch beschreibt Gabriel als einen der heiligen Engel. In seiner Verantwortung liegen das Paradies sowie die Seraphim und Cherubim (Henoch 20, 7). Die Verwendung des Wortes „Seraphim" in diesem Vers sorgte für reichlich Verwirrung, wurde es doch verschiedentlich mit „Schlange" und „Drachen" übersetzt.[18]

18 J. T. Milik (Hrsg.) *The Books of Enoch: Aramaic Fragments of Qumran Cave 4*, Oxford University Press, Oxford 1976. Siehe auch Matthew Black, *The Book of Enoch*, Leiden 1985

Einer alten babylonischen Legende zufolge wurde Gabriel einundzwanzig Tage lang seiner Position als Verantwortlicher für den sechsten Himmel enthoben und durch Dubbiel, den Schutzengel der Perser, ersetzt. Offensichtlich zürnte Jehova den Juden aus irgendeinem Grund and befahl Gabriel, das jüdische Volk zu vernichten. Brennende Kohlen sollte er über dem Volk ausschütten und dann zulassen, dass die Babylonier alle Überlebenden töteten.

Gabriel hatte Mitleid mit den Israeliten, wohl weil sein Kollege, der Erzengel Michael, der Hüter des israelischen Volkes war. Deshalb bat er den faulsten Engel im ganzen Himmel, ihm zu helfen. Dieser Engel brauchte so lange, um Gabriel die Kohlen zu reichen, dass sie erkaltet waren, bis Gabriel sie zur Erde warf. Anschließend überredete Gabriel die Babylonier, die Juden nicht zu töten und schlug stattdessen vor, sie sollten die Juden nach Babylon zwingen.

Wie nicht anders zu erwarten, war Jehova enttäuscht von Gabriel und ersetzte ihn durch Dubbiel. In einem Zeitraum von nur wenigen Wochen unterdrückten die Perser mit Hilfe von Dubbiel die Juden auf grausame Weise. Das wäre unaufhörlich so weiter gegangen, aber zum Glück machte Gabriel Gott einen guten Vorschlag und wurde daraufhin wieder an seine frühere Stelle gesetzt. Dubbiel wurde schließlich einer der gefallenen Engel.[19]

Wenngleich Henoch Michael und Gabriel zur Rechten und Linken Gottes stellt, so ist doch nach der üblicheren Anordnung der himmlische Thron von allen vier Erzengeln umgeben, wobei Michael auf der rechten, Uriel auf der linken Seite, Raphael hinten und Gabriel vorne steht. Dies geht auf die Zeit von Moses zurück.[20] Da jedoch die Erzengel traditionell den vier Himmelsrichtungen und den vier Elementen zugeordnet werden, ergibt sich eine leicht veränderte Anordnung:

---

19 Matthew Bunson, *Angels A to Z*, New York 1996.

20 Louis Ginzberg, *The Legends of the Jews,* Band 3, übersetzt von Henrietta Szold, The Jewish Publication Society of America, Philadelphia 1925.

Osten	Luft	Raphael
Süden	Feuer	Michael
Westen	Wasser	Gabriel
Norden	Erde	Uriel

Vor 2000 Jahren galt Gabriel als der Engel des Krieges und wurde zuweilen als der „gestrenge Engel" bezeichnet. Das überrascht nicht weiter, erzählt doch eine alte jüdische Legende, wie Gabriel Sanheribs Lager zerstörte, Sodom und Gomorrah in Schutt und Asche legte und den Tempel in Jerusalem in Brand steckte.[21] Außerdem kämpfte er eine ganze Nacht lang mit Jakob – wenngleich, um fair zu sein, auch mehrere andere Engel daran beteiligt waren (1. Mose 32, 24 –32; Hosea 12, 4). Ja, einmal war Gabriel kurz davor, das ganze Volk Israel zu zerstören. Zum Glück erinnerte Gott ihn daran, dass darunter auch noch ein paar gute Menschen waren.

Mit der Zeit wandelte sich diese Sicht Gabriels. Nach jüdischer Überlieferung ist Gabriel für die himmlischen Schatzkammern zuständig. John Milton erweiterte diese Auffassung noch und machte ihn zum Himmelshüter. „Zwischen diesen Gesteinsäulen aber saß das Haupt der Wächterengelscharen, Gabriel, die Nacht erwartend." (Das verlorene Paradies, IV, 735)

Im Zohar II, 11a – 11b heißt es, Gabriel sei mit der Seele betraut. Wenn jemand stirbt, so nimmt Gabriel dessen Seele in Empfang und bringt sie in ihr neues Zuhause, das sich nach dem früheren Verhalten des Verstorbenen richtet. Ist es Zeit, dass die Seele reinkarniert, so geleitet Gabriel sie wieder zur Erde.

---

21 Louis Ginzberg, *The Legends of the Jews,* Band 5, übersetzt von Henrietta Szold, The Jewish Publication Society of America, Philadelphia 1925.

GABRIEL IN DER KUNST

Gabriel ist in der religiösen Kunst eine häufig anzutreffende Gestalt und wird gewöhnlich mit einer Lilie oder Posaune in der Hand dargestellt. Die Lilie geht auf einen Vers im Hohelied des Salomo zurück, der Marias Reinheit beschreiben soll: „Ich bin eine Blume in Scharon und eine Lilie im Tal." (Hohelied 2, 1). Die Posaune ist ein bekanntes Symbol des Jüngsten Gerichts. Die 20. Karte der Großen Arkana des Tarot, *Gericht*, zeigt Gabriel, die Posaune blasend.

Auf frühen Bildern findet man Gabriel manchmal mit einem Zepter. Gelegentlich ist er auch mit Schild und Speer zu sehen. Im Laufe der Jahre haben viele Künstler, darunter Leonardo da Vinci, Giovanni Francesco Barbieri, Simone Martini, Fra Angelico, Raffael, Dante Gabriel Rosetti und Peter Paul Rubens, der allein sechs Versionen der Verkündigung schuf, Gabriel gemalt.

Überraschenderweise wählten Künstler die Verkündigung bis zum 11. Jahrhundert selten zum Thema. Im 13. Jahrhundert dann zählte sie zu den häufigsten Motiven in der religiösen Kunst. In Italien wurden Gabriel und die Jungfrau Maria häufig auf zwei verschiedenen Leinwänden dargestellt. Man brachte die beiden Bilder an entgegengesetzten Seiten des Altars an, die Jungfrau Maria rechts, Gabriel links. Selbst wenn sie auf demselben Bild zu sehen waren, so trennte sie doch gewöhnlich eine Säule oder anderes ornamentales Beiwerk. Auf frühen Darstellungen der Verkündigung nimmt Gabriel die Hauptrolle ein. Zu Beginn des 14. Jahrhunderts jedoch kehrt sich dies um, Maria wird zur Hauptfigur und Gabriel spielt nur noch eine untergeordnete Rolle. Manchmal sitzt Maria auf einem wunderschönen Thron, trägt eine edelsteinbesetzte Krone und hält Blumen in der Hand, während sie Gabriels Botschaft entgegennimmt. Im Louvre hängt ein prachtvolles Gemälde von Fra Bartolomeo (1472-1517) „Die Verkündigung mit den Heiligen Margareta, Maria Magdalena, Paulus, Johannes der Täufer, Hieronymus und Franziskus“ (1515), das die Jungfrau Maria auf einem Thron zeigt.

Gabriel, eine Lilie in der Hand, befindet sich über ihr und steigt zur Erde herab. Die Heiligen schenken ihre Aufmerksamkeit ausschließlich der Jungfrau Maria. Dieses Bild zeigt deutlich, welche Beliebtheit und Verehrung Maria inzwischen genoss.

Eine Gabriel-Skulptur, die ich besonders liebe, steht in der Kathedrale von Reims. Sie ist Bestandteil einer großen Skulpturengruppe in einem Portalgewölbe. Jede leicht überhöhte Figur steht auf einem eigenen Sockel und fügt sich in dieser riesigen Kathedrale vollkommen ein. Zwei dieser Skulpturen stellen die Verkündigung dar. Gabriel lächelt eine ernste und besorgt dreinblickende Maria an. Leider ging im Laufe der letzten achthundert Jahre ein Flügel von Gabriel verloren, doch obwohl der Zahn der Zeit durchaus an den Figuren genagt hat, strahlen sie immer noch Lebendigkeit und Inspiration aus. Der Gesichtsausdruck, die Details der Kleidung und sogar die Federn des noch vorhandenen Flügels zeigen die große Kunstfertigkeit dieser längst vergessenen Bildhauer.

GABRIEL IN DER LITERATUR

In der Literatur taucht Gabriel nur hin und wieder auf. In John Miltons epischem Gedicht *Das verlorene Paradies* nimmt er Satan gefangen, der sich jedoch weigert, auch nur eine einzige Frage zu beantworten und wieder zur Hölle zurückfliegt.

Gelegentlich findet Gabriel in den Tagebüchern des großen Philosophen und Magiers der elisabethanischen Epoche, Dr. John Dee, Erwähnung. Einmal erschien Gabriel und verkündete Dee, seine Frau Jane sei schwanger, was auch zutraf. Außerdem erteilte er ihm einen Rat im Hinblick auf die Schwangerschaftsbeschwerden von Jane. Am 13. Juni 1584, Dees 75. Geburtstag, erschien Gabriel und sagte ihm, er besäße die Schlüssel zu Gottes „Lagerhallen ... in denen du (wenn du sie weise, bescheiden und geduldig betrittst) Schätze finden wirst, die weit wertvoller sind als die Säulen der Himmel.“[22]

Die erste Szene von *Die grünen Weiden*, einem 1930 uraufgeführten Schauspiel von Marc Connelly, zeigt Gabriel, wie er Gott bei der Arbeit in seinem „himmlischen Büro“ hilft. Gabriel ergreift seine Posaune und Gott ermahnt ihn, sie ja erst am Tag des Jüngsten Gerichts zu blasen. Gabriel sagt Gott, er habe die Erde immerhin schon vierhundert Jahre lang nicht mehr besucht. Im weiteren Verlauf erzählt das Schauspiel einen Großteil des ersten Buches Mose nach und endet mit einer Szene, die Gott nach seiner Rückkehr in den Himmel von Engeln umgeben zeigt. Er sagt Gabriel, Erbarmen komme durch Leiden – und selbst Gott müsse leiden.

GABRIEL HEUTE

Christopher Knight und Robert Lomas, die Autoren von *Der zweite Messias* und *Uriels Auftrag*, zeichneten ein unorthodoxes und höchst umstrittenes Bild von Gabriel. Ihre Theorie lautet, dass die Engel aus ihrer eigentlichen Stellung als Götter vertrieben wurden und nun als Mittler zwischen Gott und der Menschheit Botschaften überbringen. Deshalb wurden sie zuweilen als Menschen beschrieben. Ein Beispiel hierfür findet sich in Josua 5, 13: „Und es begab sich, als Josua bei Jericho war, dass er seine Augen aufhob und gewahr wurde, dass ein Mann ihm gegenüberstand und ein bloßes Schwert in seiner Hand hatte.“ Weil Engel Menschen werden konnten, ist es möglich, dass Gabriel, als er die Jungfrau Maria besuchte,

---

22 John Dee, zitiert in Bejamin Woolley, *The Queen's Conjurer: The Life and Magic of Dr.Dee*, Harper Collins, London 2001

um ihr zu sagen, dass sie ein Kind empfangen werde, sie mit seinem eigenen göttlichen Samen schwängerte.[23]

Heute gilt Gabriel als der Engel, der den Menschen Freude, Liebe, Glück und Hoffnung bringt. Zu seinen Aufgaben gehören auch Neuanfänge, Neubelebung, Wiederauferstehung und Neugeburt. Aufgrund seiner Verbindung zur Jungfrau Maria und Elisabeth glaubt man außerdem, dass er mit Schwangerschaft und Geburt befasst ist und alles Nötige tut, um der Mutter zu helfen. Wenn eine Frau schwanger werden möchte, ist Gabriel bereit, ihr zu helfen. Die alten Juden glaubten auch, dass Gabriel das Kind im Mutterleib unterweist. Aus all diesen Gründen bezeichnet man Gabriel als den „Engel der Verkündigung".

Eine der bezauberndsten Geschichten um Gabriel gilt seiner Rolle als „Erzengel der Geburt". Sorgfältig wählt Gabriel die Seelen im Himmel aus, die geboren werden sollen. Er unterweist das ungeborene Kind in seiner Aufgabe während seiner körperlichen Inkarnation und lässt es dann schwören, dieses Wissen geheimzuhalten. Das Schweigegebot wird noch verstärkt, weil Gabriel einen Finger auf die Lippen des Babys drückt. So entsteht das Grübchen unter der Nase.

Ich mag auch die Geschichte über Gabriel, die William Blake in seinem Tagebuch beschreibt. Für eine Auftragsarbeit sollte er einen Engel zeichnen, hatte aber seine liebe Not damit. Er fragte sich: „Wer kann schon einen Engel malen?" Augenblicklich hörte er eine Stimme, die sprach: „Michelangelo konnte das." William Blake sah sich um, konnte aber niemanden entdecken. „Woher weißt du das?", fragte er. Die seltsame Stimme antwortete: „Ich weiß es, weil ich ihm Modell gesessen bin. Ich bin der Erzengel Gabriel." William Blake war höchst erstaunt über diese Antwort, traute der Sache aber immer noch nicht so ganz. Er bat um weitere Beweise. „Kann das ein böser Geist?", erwiderte die Stimme. Augenblicklich sah

23 Christopher Knight, Robert Lomas, *Uriels Auftrag*, Bern/Frankfurt 2002

William Blake eine helle Gestalt mit großen Flügeln. Die Gestalt erstrahlte in reinem Licht. Der Engel wurde immer größer, und das Dach von William Blakes Arbeitszimmer tat sich auf, als Gabriel in den Himmel aufstieg. In William Blakes Tagebuch heißt es weiter: „Dann bewegte Gabriel das Universum." Er erklärt nicht genau, wie das geschah, schrieb aber, dass er nun sicher war, Gabriel gesehen zu haben.[24]

Gabriel fördert die innere Schau und kann Einblicke in die Zukunft vermitteln. Dies reicht bis in die Zeit zurück, als er Daniel half, seine Visionen zu verstehen.

Doch Gabriel ist auch heute noch stark und bekämpft das Böse in jeder Form. Seine Himmelsrichtung ist traditionell der Westen. Der Westen gilt als der Ort, an dem das Böse wohnt, denn dort geht abends die Sonne unter und Dunkelheit bedeckt die Erde, was man als negativ auslegen kann.

Gabriel können Sie immer dann um Hilfe anrufen, wenn Sie sich niedergeschlagen fühlen, wenn Sie Zweifel und Ängste überwinden wollen oder sich Führung, Inspiration, Intuition oder innere Reinigung wünschen. Wenn Sie sich gefangen oder eingesperrt fühlen oder einfach nicht mehr weiter wissen, rufen Sie Gabriel an, damit dieser Zustand überwunden werden kann und Sie wieder nach vorne zu blicken vermögen. Gabriel kann Ihnen auch helfen, wenn Sie schlechte Angewohnheiten, wie etwa Klatsch und Tratsch, loswerden oder sich nicht länger selber etwas vormachen wollen. Gabriel ist bereit, Ihr inneres Kind zu heilen. Sie brauchen ihn nur darum ersuchen. Natürlich können Sie Gabriel auch bitten, jemand anderem, von dem Sie wissen, dass er oder sie es benötigt, Heilung und Hilfe zu senden.

---

24 Theolyn Cortens, *Living with Angels: Bringing Angels into Your Everyday Life*, Judy Piatkus Publishers, London 2003

ZWEIFEL UND ÄNGSTE

Man kann unmöglich ein erfülltes Leben führen, wenn man sich ständig von Zweifeln und Ängsten gängeln lässt. Es ist traurig, dass so viele Menschen darunter leiden. Selbstzweifel hindern viele daran, ihre Ziele zu erreichen; und Ängste, oft sogar solche, die nur in der Phantasie bestehen, lassen Menschen innerhalb solcher selbst auferlegter Grenzen nur sehr wenig Bewegungsspielraum. Zum Glück kann Gabriel uns helfen, diese Fesseln abzustreifen, wenn sie uns an der Verwirklichung unserer Träume hindern.

Als ich Lorraine zum ersten Mal sah, war sie Mitte vierzig und lebte alleine, da ihre Ehe vor zehn Jahren zerbrochen war. Sie verzweifelte an ihrer Einsamkeit und besuchte meinen „Kurs zur Verbesserung medialer Fähigkeiten" in erster Linie, um Gleichgesinnte zu treffen. Sie arbeitete in der Buchhaltung einer großen Versicherungsgesellschaft. Jeden Mittag aß sie mit Kolleginnen und Kollegen in der Haus-Cafeteria. Darunter war ein Mann, den sie mochte, und sie war sich sicher, dass er sie auch mochte. Doch jedes Mal, wenn er einen Versuch unternahm, sie näher kennen zu lernen, wies sie ihn ab. Sie war zwar einsam, fürchtete sich aber auch vor einer neuen Beziehung.

Als Lorraine Gabriel kennen lernte und erkannte, dass er sie behütete und leitete, konnte sie ihre Abwehrhaltung nach und nach ablegen, und allmählich entwickelte sich eine Freundschaft.

„Es war zu blöd", sagte sie mir später. „Wir waren beide einsam, aber weil ich so viele Ängste hatte, konnte ich niemanden an mich heranlassen. Es war ein großes Glück, dass Bill so viel Geduld hatte."

Wenn Ängste, Zweifel und Sorgen Sie an etwas hindern, bitten Sie Gabriel, Ihnen dabei zu helfen, sie zu überwinden.

FÜHRUNG

Gabriel möchte, dass wir ein glückliches, erfülltes Leben führen und bietet uns Führung und Hilfe an, sobald wir darum bitten. Wenn Sie nicht mehr klar sehen können und keine Ahnung haben, wohin es weiter mit Ihnen gehen soll, bitten Sie Gabriel um Hilfe. Wenn Sie ein großes Projekt planen oder eine wichtige Entscheidung zu treffen haben, fragen sie Gabriel um Rat. Wenn Sie jemanden kennengelernt haben und daran denken, eine neue Beziehung einzugehen, bitten Sie Gabriel um Führung.

Brenda, eine Frau, die bereits vor vielen Jahren meine Klientin war, hatte die meiste Zeit ihres Berufslebens am Empfang gearbeitet. Sie hatte das gründlich satt, aber auch keine Ahnung, was sie stattdessen tun sollte. Ihre Schwester war recht erfolgreich als Immobilienmaklerin und riet Brenda, es einmal damit zu versuchen. Brenda lehnte das Angebot rundweg ab, da sie noch nie in ihrem Leben etwas verkauft hatte. Aber der Gedanke ging ihr nicht mehr aus dem Kopf. Häuser hatten sie schon immer interessiert, und ihre Freunde sagten, sie habe ein Händchen für Dekoration. Sie brauchte ein ganzes Jahr, bis sie endlich etwas unternahm. Nach einem ausgesprochen schlechten Tag an ihrer Arbeitsstelle bat sie Gabriel um Rat. Einen Monat später war sie bereits in ihrem neuen Beruf tätig.

„Es war ein absolut erstaunliches Erlebnis“, erzählte sie mir. „Gabriel bestätigte alles, was ich empfand – dass ich ausgelaugt war, unzufrieden, unerfüllt und unglücklich. Er wusste, dass eine Veränderung überfällig war. Als ich Immobilien erwähnte, sagte er, dass ich dafür gut geeignet sei und sofort anfangen sollte. Ich nahm seinen Rat an und habe es nicht eine Sekunde bereut. Ich hätte ihn schon vor Jahren fragen sollen. Vielleicht ist es ja traurig, wenn man seine wahre Berufung erst mit fünfzig entdeckt, aber ich kenne jede

Menge Leute, die sie nie finden werden. Ich kann ihnen nur raten, mit Gabriel zu reden."

Wenn Sie immer noch Ihre wahre Berufung im Leben suchen, fragen Sie Gabriel.

INSPIRATION

Wenn Sie möchten, überbringt Gabriel Ihnen Botschaften. Wenn Sie etwas über die Zukunft wissen wollen, bitten Sie Gabriel, Sie auf dem Laufenden zu halten. Die Gabe des Weissagens kann Ihnen zufallen, wenn Sie Gabriel dabei um Hilfe bitten. Gabriel erteilt Rat auch in Form von Träumen und Visionen. Er hilft Ihnen, an Wissen und Weisheit zu wachsen. Wachstum und Entwicklung Ihrer Spiritualität kommen schneller voran als je zuvor. (Auch der Erzengel Uriel kann Ihnen helfen, intuitiv zu wachsen. Uriel wird häufig angerufen, wenn man praktische Dinge erlernen will, etwa Tarot-Karten zu deuten, und Gabriel wird kontaktiert, wenn man Hellsichtigkeit und Vorahnungen durch Träume entwickeln will.)

Martin sah ich zum ersten Mal vor etwa zwanzig Jahren, als er einen meiner Kurse besuchte. Eine ehemalige Freundin hatte ihn mit der Welt der Esoterik in Berührung gebracht, und da die Beziehung nun beendet war, wusste er nicht, wie er seine natürliche mediale Begabung weiter schulen konnte. Er war ein angespannter, nervöser Mensch, der nur schwer loslassen konnte. Dies und seine Erwartung, sofort Erfolge zu sehen, standen ihm im Weg und sorgten für enormen Frust. Eines Tages schließlich war er kurz davor, endgültig aufzugeben. Er rief Gabriel an und wollte wissen, warum er ihm nicht half. Gabriel antwortete postwendend, er habe nur darauf gewartet, dass Martin fragte.

Dieser kurze Austausch brachte den Wendepunkt. Martin kommunizierte nun regelmäßig mit Gabriel und erhielt erste Einblicke in künftige Ereignisse. Er wurde entspannter und offener. Seine Spiritualität wuchs, und seine hellseherische und prägkognitive Begabung entwickelte sich rasch weiter. Den Erfolg schreibt er einzig und allein seinen regelmäßigen Sitzungen mit Gabriel zu.

„Gabriel hat mir gezeigt, wie's geht", sagte er mir. Er tippte sich an die Stirn. „Er löste die Blockaden in meinem Dritten Auge und ließ mich zum ersten Mal im Leben wirklich sehen. Ich will gar nicht erst daran denken, wie mein Leben ohne Gabriel aussehen würde."

INNERE REINIGUNG

Eine innere Reinigung kann aus mehreren Gründen erforderlich sein. Wenn jemand unreine oder negative Gedanken mit sich trägt, kann eine innere Reinigung ihm oder ihr helfen, davon loszukommen. Wenn jemand sehr verletzt wurde und dem anderen nicht vergeben oder das Geschehene nicht loslassen kann, dann braucht er oder sie eine innere Reinigung. Opfer sexueller Übergriffe fühlen sich oft unrein oder schmutzig und benötigen eine Reinigung. Dasselbe gilt für Opfer medialer Angriffe. Auch für Co-Abhängige oder Menschen voller Negativität ist eine innere Reinigung hilfreich. Menschen, die Tratsch und Klatsch verbreiten oder sich ständig selbst belügen, sollten eine innere Reinigung suchen. Es gibt also nur sehr wenige Menschen, die nicht irgendwann einmal im Leben einer inneren Reinigung bedürfen.

Nicholas ist einer der freundlichsten und liebenswürdigsten Menschen, die mir je begegnet sind. Heute ist er Anfang sechzig und sieht um Jahre jünger aus als vor zehn Jahren, als er sich endlich von seinem belastenden Geheimnis befreite. Als kleiner Junge wurde er von einem Priester in seiner Schule sexuell belästigt. Der

Missbrauch erfolgte systematisch und hielt über mehrere Jahre an. Nicholas sprach nie darüber, bis er Zeitungsberichte von anderen Menschen mit ähnlichen Erfahrungen las. Selbst dann brauchte er noch einige Zeit, bis er die unglaublichen Schuldgefühle loslassen konnte. In seiner Vorstellung war er selber an allem schuld.

Als ihm ein Freund riet, er solle Gabriel bitten, ihn zu reinigen und zu heilen, lachte Nicholas nur, denn seinen Glauben hatte er schon vor vierzig Jahren verloren. Aber sein Freund ließ nicht locker, und nach und nach wurde Nicholas klar, dass er etwas tun musste und Gabriel ihm dabei möglicherweise helfen konnte. Es brauchte Zeit und sehr viel Geduld von Seiten seines Freundes, aber ganz allmählich schloss Nicholas mit Gabriel Bekanntschaft und bat ihn um Hilfe.

„Ich wünschte, ich hätte als junger Mann von Gabriel erfahren“, sagte er. „Mein Leben wäre völlig anders verlaufen. Ich habe diese Last der Scham und Schande mein ganzes Leben lang mit mir herumgetragen. Ich bin so froh, dass ich jetzt ohne diesen Stein auf dem Herzen leben kann. Mir ist, als hätte ich einen Teil meiner verlorenen Jugend zurückerhalten.“

ANDEREN HELFEN

Vor nicht allzu langer Zeit verbrachte ich einen Abend mit alten Freunden und erfuhr dabei von den Schwierigkeiten ihres Sohnes Graydon. Er hatte Buchhaltung am College studiert, aber dann beschlossen, doch nicht Buchhalter zu werden. Danach studierte er zwei Semester Psychologie, verlor aber auch daran das Interesse. Er reiste ein paar Jahre lang herum, um zu sich selber zu finden und war inzwischen nach Hause zurückgekehrt, aber völlig orientierungslos. Graydon hatte immer noch keine Vorstellung, was er mit seinem Leben anfangen sollte.

Ich bot an, seinetwegen Gabriel zu befragen. Meine Freunde äußerten zwar ihre Zweifel, freuten sich aber dennoch, dass ich mit Gabriel darüber sprechen wollte. Zwei Wochen später erhielt ich einen Anruf von meinen Freunden, in dem sie mir erzählten, Graydon hätte neue Freunde gefunden, die „es mit den Engeln hätten", und er habe nun Gabriel um Hilfe und Orientierung in seinem Leben gebeten. Meine Freunde hielten das für Zufall. Wie dem auch sei, jedenfalls gewann Graydon zum Glück aus seinen Begegnungen mit Gabriel wertvolle Erkenntnisse und ist heute ein selbstständiger Fitness-Trainer. Bevor er mit Gabriel sprach, war er nicht im entferntesten auf die Idee gekommen, seine Fähigkeiten als Sportler beruflich einzusetzen. Heute steht er mit beiden Beinen fest im Leben und fühlt sich vollkommen erfüllt.

Jetzt, da Sie etwas über Gabriel und wie er Ihnen helfen kann wissen, wird es Zeit, dass Sie erfahren, wie man sich an ihn wendet. Damit beginnen wir im nächsten Kapitel.

2

MIT GABRIEL KONTAKT AUFNEHMEN

Gabriel ist immer bereit, Ihnen zu helfen, wenn Sie seine Hilfe benötigen. Natürlich sollten Sie ihn nicht mit Belanglosigkeiten behelligen, in dringenden Fällen aber ist Gabriel immer für Sie da. In einer Notsituation brauchen Sie ihn nur anzurufen. Meistens jedoch ist die Sache nicht so dringend und Sie können eine geruhsamere Unterhaltung mit ihm führen. Im Folgenden stelle ich Ihnen mehrere Methoden vor, wie Sie mit Gabriel Kontakt aufnehmen können. Probieren Sie alle aus und finden Sie heraus, mit welchen Sie am besten zurechtkommen.

DAS GABRIEL-ZENTRUM

Es ist immer gut, wenn Sie einen bestimmten Platz haben, an dem Sie Gabriel anrufen. Im Laufe der Zeit entwickelt dieser Ort eine Atmosphäre, geradezu eine Aura, die Sie schon beim Hereinkommen spüren. Sie fühlen sich sofort entspannt, gereinigt und bereit zum Gespräch mit Gabriel.

Vielleicht haben Sie sogar das Glück, Gabriel ein eigenes Zimmer widmen zu können, wenngleich wahrscheinlicher ist, dass nur ein Teil eines Zimmers zu diesem Zweck genutzt werden kann. Wählen Sie dazu möglichst ein ruhiges Plätzchen aus, an dem Sie ungestört arbeiten können.

Eine Freundin von mir lebt in Tokio in einer Wohnung, die gerade einmal so groß ist wie anderer Leute Kleiderschrank. Wenn Sie mit Gabriel spricht, sitzt sie vor einem kleinen Tischchen, das vorübergehend als Altar dient, auf dem Boden. Die übrige Zeit wird auf dem Tisch gekocht und gegessen, und es werden Dinge darauf abgelegt. Gehen Sie so vor, wie es Ihre Umstände ermöglichen.

In den Sommermonaten spreche ich am liebsten in freier Natur mit Gabriel. Es ist immer etwas Besonderes, ein Ritual draußen zu vollziehen, umgeben von der Natur. Wenn Sie das möchten, suchen Sie sich eine schöne Stelle, an der Sie ungestört sind.

Wichtig ist, dass Sie einen Ort finden, an dem Sie sich sicher und wohl fühlen. Das wird dann ihr Gabriel-Zentrum.

ENTSPANNUNGS-RITUAL

Vorbereitung

Für das Gespräch mit Gabriel sollten Sie physisch, mental und spirituell bereit sein. Gönnen Sie sich, wenn möglich, ein gemütliches Bad oder eine ausgiebige Dusche und ziehen Sie frische Kleidung an. Sie können eine Robe tragen oder sogar im Himmelskleid (unbekleidet) arbeiten, wenn Sie möchten. Dies dient dem Zweck, Ihr Gespräch mit Gabriel vom Alltag zu lösen.

Ich gehe gerne spazieren, bevor ich mit Gabriel spreche. So komme ich aus dem Haus, und das gibt mir die Möglichkeit, mir in Gedanken darüber klar zu werden, worüber ich mit Gabriel sprechen möchte. Manchmal stelle ich dabei fest, dass Gabriel mich begleitet, und aus dem Spaziergang wird ein Gespräch.

Sie können ruhige Musik spielen, Räucherwerk abbrennen oder Kerzen anzünden. Was Sie tun, spielt keine Rolle, wenn es nur Ihrer Entspannung dient und dem Sinn und Zweck des Rituals nicht zuwiderläuft. Ich spiele selten Musik, wenn ich mit Engeln spreche, weil mich das ablenkt. Ich möchte mich auf das Gespräch konzentrieren und mich nicht plötzlich dabei erwischen, dass ich eine Melodie mitsumme. Aber die Menschen sind verschieden. Wenn Sie das Gefühl haben, dass es Ihnen hilft, dann spielen Sie Musik.

Entspannung

Der nächste Schritt besteht nun darin, dass Sie es sich so bequem wie möglich machen. Achten Sie darauf, dass es im Zimmer warm genug ist. Decken Sie sich mit einer Wolldecke zu, wenn Sie glauben, dass Ihnen kalt werden könnte. Setzen Sie sich in einen bequemen Sessel und entspannen Sie dann Körper und Geist. Wenn Sie bereits Erfahrung mit Selbsthypnose oder Meditation haben, wird Ihnen das sicher leicht fallen. Wenn Sie so etwas noch nicht probiert haben, folgen Sie einfach diesen Schritten:

1. Schließen Sie die Augen und atmen Sie dreimal tief durch. Halten Sie dabei nach dem Einatmen die Luft kurz an und atmen Sie dann langsam aus.
2. Konzentrieren Sie sich auf die Zehen an Ihrem linken Fuß und sagen Sie ihnen, sie sollen sich entspannen. Warten Sie, bis Sie spüren, dass die Zehen sich tatsächlich entspannen und machen Sie erst dann weiter.
3. Entspannen Sie die Muskeln in Ihrem linken Fuß und dehnen Sie diese Entspannung dann immer weiter aus, über die Fesseln, die Waden bis zum Knie. Sie brauchen sich dabei überhaupt nicht zu beeilen. Lassen Sie sich so viel Zeit, wie Sie als angemessen empfinden. Wenn Sie so weit sind, lassen Sie die Entspannung weiter über Ihren linken Schenkel bis in die linke Gesäßbacke wandern.
4. Wiederholen Sie dasselbe an Ihrem rechten Bein. Fangen Sie mit den Zehen an und entspannen Sie nach und nach das gesamte Bein.
5. Lassen Sie die Entspannung nun über Ihren Bauch in Ihre Brust und bis zu den Schultern wandern. Spüren Sie, wie die Spannung aus Ihren Schultern weicht und sich eine angenehme Gelöstheit einstellt.

6. Entspannen Sie nun Ihren linken Arm bis in die Fingerspitzen. Wiederholen Sie dasselbe mit dem rechten Arm.
7. Entspannen Sie die Nackenmuskeln und lassen Sie diese angenehme Gelöstheit dann über Ihr Gesicht bis zum höchsten Punkt des Kopfes fließen. Achten Sie dabei besonders auf die Muskeln um Ihre Augen. Es sind die zartesten Muskeln im ganzen Körper, und wenn Sie diese entspannen, werden Sie merken, dass auch alle anderen Körperteile sich noch weiter lockern.
8. Jetzt sind Sie völlig entspannt. Spüren Sie noch einmal in Ihren ganzen Körper hinein und achten Sie darauf, dass nichts mehr angespannt ist. Verweilen Sie bei Stellen, die noch etwas mehr Hilfe benötigen, bis auch diese völlig gelöst sind.
9. Wenn Sie sicher sind, dass jeder Teil Ihres Körpers vollkommen entspannt ist, atmen Sie wieder dreimal tief durch und genießen Sie das Gefühl der Entspannung im ganzen Körper. Jetzt sind Sie bereit, um mit Gabriel sprechen zu können.

Einladung

Sie sind jetzt völlig entspannt und können Gabriel nun bitten, zu Ihnen zu kommen. Denken Sie ein paar Minuten lang darüber nach, warum Sie mit Gabriel Kontakt aufnehmen möchten. Suchen Sie Rückenstärkung, Unterstützung, Trost, Führung, Erkenntnis oder innere Reinigung? Malen Sie sich aus, was geschieht, wenn Sie diese Hilfe erhalten. Spüren Sie, wie glücklich und erfüllt Sie sich fühlen werden, wenn Gabriel sich Ihres Problems annimmt.

Wenn Sie so weit sind, atmen Sie tief ein und langsam wieder aus. Sprechen Sie nun mit Gabriel. Sie können das in Gedanken tun oder laut. Sagen Sie ihm, dass Sie Hilfe benötigen. Erklären Sie Ihre Schwierigkeiten und was Sie unternommen haben, um sie zu lösen. Bitten Sie ihn um Schutz, Führung und Hilfe.

Sprechen Sie so lange wie erforderlich, um das Problem vollständig zu schildern. Natürlich weiß Gabriel sofort, was los ist. Dennoch ist es notwendig, dass Sie die Situation erklären, denn so wird sie Ihnen selbst klarer.

Warten Sie danach ein wenig. Vielleicht spüren Sie Gabriels Gegenwart. Dies ist auf vielerlei Weise möglich. Es kann sein, dass Sie ein Gefühl der Wärme verspüren, als wären Sie in seine Flügel gehüllt. Vielleicht wissen Sie einfach auch nur intuitiv, dass er da ist. Sobald Sie seine Gegenwart spüren, danken Sie ihm, dass er Ihnen zu Hilfe gekommen ist.

Wenn Sie nichts spüren, bitten Sie ihn, zu Ihnen zu kommen. Sprechen Sie aus tiefstem Herzen, etwa so: „Gabriel, danke, dass du immer schon für mich gesorgt hast. Ich bin so dankbar für dein unermüdliches Bemühen, nicht nur für mich, sondern für alle Menschen. Jetzt habe ich ein Problem, mit dem ich einfach nicht alleine fertig werde, und ich brauche deine Hilfe. Bitte komm mir zu Hilfe, Gabriel. Bitte hilf mir."

Werden Sie wieder still und warten Sie auf eine Antwort. Wiederholen Sie Ihre Bitte so lange, bis Sie spüren, dass Gabriel bei Ihnen ist. Haben Sie Geduld, wenn Sie bisher noch nicht mit Gabriel gesprochen haben. Sobald Sie einmal regelmäßig mit ihm kommunizieren, wird es Ihnen ganz leicht fallen, Kontakt zu ihm aufzunehmen. Die ersten Versuche können jedoch etwas Geduld erfordern.

Kommunikation

Sobald Sie spüren, dass Gabriel bei Ihnen ist, danken Sie ihm für Zeit, Interesse, Unterstützung und Liebe, die er für Sie aufbringt. Bitten Sie ihn um Hilfe bei der Lösung Ihres Problems. Hören Sie gut zu, was er Ihnen zu sagen hat. Seine Stimme werden Sie dabei wahrscheinlich nicht vernehmen. Bei der häufigsten Form der Kommunikation kommen einem einfach Gedanken und Einsichten zu Bewusstsein. Bitten Sie Gabriel um Klärung, wenn Sie etwas nicht verstanden haben.

Am Ende des Gespräches sollten Sie genau wissen, was Sie zu tun haben. Wenn es in dem Problem um jemand anderen geht, sollten Sie wissen, wie Sie sich an ihn oder sie wenden können, um die Situation zu klären. Wenn es bei Ihrem Problem darum geht, Negatives loszulassen und sich innerlich zu reinigen, sollten Sie genau wissen, was Sie tun müssen, damit dies eintreten kann.

Sobald Sie zuversichtlich sind, dass Sie nun den nächsten Schritt tun können, danken Sie Gabriel für ihre Hilfe. Stehen Sie nach dem Abschied nicht gleich auf. Bleiben Sie noch ein paar Minuten bequem sitzen oder liegen und denken Sie an Gabriel und seinen Rat. Wenn Sie so weit sind, öffnen Sie die Augen, strecken Sie sich und stehen Sie auf.

Natürlich kann man dieses Ritual auch abends im Bett durchführen, und ich kenne etliche Leute, die das tun. Ich selber schlafe aber viel zu leicht ein, und mir fällt es schwer, so lange wach zu bleiben, bis ein Kontakt zu den Engeln hergestellt ist. Deshalb führe ich dieses Ritual immer in einem bequemen Sessel oder am Boden liegend aus, weil ich dabei eher wach bleibe.

ANDERE METHODEN

Die eben erwähnte Entspannungsmethode ist für den Anfang die beste. Sie ist schon für sich genommen sehr wohltuend, denn sie bringt jeder einzelnen Zelle Ihres Körpers Entspannung. Außerdem ist sie eine höchst wirksame Methode, um mit Gabriel Kontakt aufzunehmen und ihm einen festen Platz in Ihrem Leben einzuräumen.

Aber diese Methode ist auch zeitaufwändig, und nicht immer hat man so viel Zeit, dass man sich hinsetzen und das Entspannungsritual durchführen kann. Im Folgenden finden Sie deshalb ein paar andere Methoden, die ich als nützlich empfinde. Experimentieren

Sie damit. Wahrscheinlich werden Ihnen manche Übungen mehr zusagen als andere. Sicher werden Sie dabei auch feststellen, dass Sie mit Ihren Lieblingsübungen bessere Ergebnisse erzielen.

DIE ERZENGEL ANRUFEN

Mit diesem Ritual werden Michael, Gabriel, Raphael und Uriel angerufen. Man verwendet es hauptsächlich, um Erkenntnis und Schutz für sich selbst, für Menschen, die man kennt, aber auch für die ganze Menschheit zu erhalten.

Ich vollziehe dieses Ritual gerne im Stehen, aber Sie können auch auf einem Stuhl mit gerader Rückenlehne sitzen, wenn Ihnen das lieber ist. Schauen Sie nach Osten. Schließen Sie die Augen und atmen Sie drei oder vier Mal tief durch. Visualisieren Sie sich von einem weißen schützenden Licht umgeben.

Sobald Sie so weit sind, rufen Sie Michael an, den Erzengel des Südens. Er steht auf Ihrer rechten Seite. Sprechen Sie zur Anrufung die folgenden Worte laut aus:

„Ich rufe den mächtigen und starken Erzengel Michael. Komm und stehe rechts von mir. Bitte gewähre mir die Kraft, den Mut, die Aufrichtigkeit und den Schutz, die ich benötige, um den Sinn meiner Inkarnation zu erfüllen. Trenne mit deinem Schwert alle Zweifel und alles Negative ab. Umgib mich mit deinem Schutz, damit ich immer auf der Seite des Guten wirke. Danke."

Verweilen Sie nun eine halbe Minute in der Stille. Spüren Sie, dass Michael neben Ihnen steht und achten Sie auf Erkenntnisse oder Worte, die er Ihnen vermittelt. Wenn Sie so weit sind, rufen Sie Uriel an Ihre linke Seite. Verwenden Sie dazu in etwa folgende Worte:

„Jetzt rufe ich den mächtigen und starken Erzengel Uriel. Komm und stehe links von mir. Bitte löse alle meine Anspannungen, Sorgen und Unsicherheiten. Schenke mir Gelassenheit und innere Ruhe.

Hilf mir, dass ich anderen diene und großzügig gebe und annehme. Danke."

Verweilen Sie wieder eine halbe Minute in der Stille und warten Sie, ob Uriel eine Botschaft für Sie hat. Sie werden Uriel an Ihrer linken Seite spüren. Nehmen Sie seine Gegenwart mit einem Lächeln an und achten Sie auf Weisheiten oder einen Rat, die er Ihnen vermitteln möchte. Wenn Sie so weit sind, rufen Sie Raphael an, damit er vor Ihnen stehe.

„Jetzt rufe ich den mächtigen und starken Erzengel Raphael. Komm und stehe vor mir. Bitte erfülle mich mit Vollkommenheit und Gesundheit. Hilf mir, die Wunden aus der Vergangenheit zu heilen. Bitte verwandele alle Aspekte meines Wesens und lass mich innere Einheit finden. Danke."

Warten Sie wieder in der Stille ab, ob Raphael Ihnen etwas sagen möchte. Wahrscheinlich werden Sie die Einheit und Harmonie spüren, die er Ihnen schenkt, auch wenn Sie keine besondere Botschaft erhalten. Sobald Sie bereit sind, bitten Sie Gabriel, hinter Ihnen zu stehen.

„Jetzt rufe ich den mächtigen und starken Erzengel Gabriel. Komm und stehe hinter mir. Bitte schenke mir Erkenntnis und Führung, damit ich immer im Licht wandele. Löse alle meine Zweifel und Ängste auf und reinige Körper, Gedanken und Geist. Danke."

Warten Sie wieder in der Stille, ob Gabriel eine Botschaft für Sie hat. Spüren Sie danach die verschiedenen Energien der vier Erzengel um Sie herum. Zwar schenkt Ihnen jeder eine völlig andere Energie, dennoch ist jeder ein Aspekt des göttlichen Bewusstseins. Natürlich stellen wir Menschen uns die Erzengel gerne als mächtige Wesen vor, geradezu hünenhaft vielleicht, sonst aber uns sehr ähnlich und in wunderschöne Gewänder gehüllt, und wir malen uns aus, dass sie uns umgeben und behüten. Wie Sie die Erzengel wahrnehmen, ist gleichgültig. Wichtig ist, dass Sie bei diesem Ritual daran denken, dass Sie das Göttliche erfahren.

Genießen Sie das Gefühl von Frieden, Sicherheit und Glückseligkeit. Sobald Sie bereit sind, bitten Sie die Erzengel um Hilfe, Führung und Schutz für sich, Ihre Familie und Freunde, Ihre Gemeinde, Ihr Land und die ganze Welt. Die Antwort kann auf sehr unterschiedliche Weise kommen. Es kann sich anfühlen, als ob ein Blitz mitten durch Sie hindurchfährt. Vielleicht bemerken Sie auch eine deutliche Temperaturveränderung im Zimmer. Oder Sie verspüren die Gewissheit, dass Ihnen alles, worum Sie gebeten haben, gewährt wird.

Genießen Sie den Trost und die Sicherheit in der Gemeinschaft mit den Erzengeln so lange Sie möchten. Wenn Sie so weit sind, dass Sie in den Alltag zurückkehren wollen, dann danken Sie der Reihe nach jedem Erzengel. Beginnen Sie mit Gabriel, wenden Sie sich dann Uriel zu, danach Michael und schließlich Raphael. Sie werden spüren, wie die Engel nacheinander gehen. Wenn Sie Ihren Dank ausgesprochen haben, atmen Sie ein paar Mal tief durch und zählen Sie von eins bis fünf. Öffnen Sie die Augen und begeben Sie sich wieder an Ihre normalen Tätigkeiten. Nach diesem Ritual werden Sie sich gestärkt und voller Energie fühlen.

Ich habe eine sehr belastende Zeit viel leichter durchstehen können, weil ich dieses Ritual mehrere Wochen lang täglich ausführte. Aber Sie müssen nicht erst warten, bis Sie die Hilfe der Engel benötigen. Wenden Sie dieses Ritual häufig an, aber verschwenden Sie die Zeit der Engel nicht mit belanglosen Bitten. Denken Sie zuerst gut darüber nach und nutzen Sie Ihre Zeit mit den Erzengeln klug.

FÜHRUNGS-RITUAL

Gabriel schenkt Ihnen jederzeit gerne Führung, wenn Sie möchten. Hier finden Sie ein wirksames Ritual, mit dem Sie seinen hilfreichen Rat immer dann erhalten können, wenn Sie ihn benötigen.

Beginnen Sie mit einem schönen Spaziergang. Idealerweise sollte der natürlich draußen stattfinden, aber bei schlechtem Wetter können Sie auch zu Hause bleiben. Stattdessen können Sie ebenso gut in ein großes Einkaufszentrum fahren und dort spazierengehen.

Halten Sie bei diesem Spaziergang nach allem Ausschau, wofür Sie dankbar sein können. Vielleicht sind Sie dankbar für den Sonnenschein, die Herbstfarben, Buchhandlungen, Autos, Vögel, saftige Wiesen und Kinderlachen. Wenn Sie zu Hause 'spazierengehen', wird diese Liste natürlich etwas anders ausfallen. Vielleicht danken Sie dann für das elektrische Licht, Teppiche, ein modern ausgestattetes Badezimmer, Zahnbürsten und ein bequemes Bett. Selbstverständlich müssen die Dinge, für die Sie dankbar sind, nicht unbedingt Gegenstände sein. Vielleicht danken Sie für ein freundliches Lächeln, eine wohlmeinende Hand auf Ihrer Schulter, einen kühlen Lufthauch oder das Plätschern eines Baches. Schauen Sie einfach, wie viele Segnungen Sie im Laufe Ihres Spaziergangs entdecken.

Gehen Sie mindestens fünfzehn Minuten lang spazieren. Eine halbe Stunde wäre sogar noch besser. Wenn Sie zurück sind, setzen Sie sich in einen bequemen Stuhl, schließen Sie die Augen und gehen Sie Ihre Liste mit den Dingen, für die Sie dankbar sind, noch einmal durch. Visualisieren Sie dabei jedes einzelne deutlich vor Ihrem geistigen Auge.

Wenn Sie damit fertig sind, ist es an der Zeit, an Ihre Bitte um Führung zu denken. Denken Sie in allgemeinen Begriffen an das Problem. Vielleicht fragen Sie sich, ob Sie einen bestimmten Kurs an Ihrer Schule oder an der Universität belegen sollen. Vielleicht planen Sie einen Hauskauf, möchten noch ein Kind haben oder überlegen sich, ob Sie sich auf eine neue Beziehung einlassen sollen. Meistens wird es ein Problem sein, das Sie nicht alleine lösen konnten, weshalb Sie jetzt Gabriel anrufen. Es kann aber auch sein, dass Sie bereits zu einem Entschluss gekommen sind und nun eine

Bestätigung von Gabriel möchten, bevor Sie den nächsten Schritt tun. Es ist ganz gleich, in welchem Bereich Ihres Lebens Sie sich Führung wünschen, Gabriel wird sie Ihnen immer gerne gewähren.

Atmen Sie dreimal tief durch und halten Sie dabei die Luft nach dem Einatmen kurz an, bevor Sie langsam wieder ausatmen. Bitten Sie Gabriel in Gedanken, zu Ihnen zu kommen. Sie können dazu etwa Folgendes sagen:

„Gesegneter Erzengel Gabriel, danke für alle Segnungen in meinem Leben. Ich bin dankbar für deine Führung, Inspiration und innere Reinigung. Bitte komm zu mir, denn ich benötige deine Hilfe."

Warten Sie eine halbe Minute. Wenn Sie spüren, dass Gabriel bei Ihnen ist, fahren Sie mit Ihrer Bitte fort. Wenn Sie gar nichts spüren, wiederholen Sie Ihre Bitte. Tun Sie das bis zu drei Mal.

Wenn Sie überhaupt nichts spüren, kehren Sie zur Liste der Dinge zurück, für die Sie dankbar sind. Visualisieren Sie sie noch einmal so deutlich wie möglich. Wenn Sie das getan haben, bitten Sie Gabriel, zu Ihnen zu kommen. Erklären Sie dieses Mal nach Ihrer Bitte um Erscheinen Ihr Problem oder Ihre Schwierigkeit.

Warten Sie dreißig Sekunden. Ich hoffe, Sie spüren innerhalb dieser Zeit Gabriels Gegenwart. Wenn nicht, wiederholen Sie Ihre Bitte. Ärgern Sie sich nicht und machen Sie sich keine Gedanken, wenn Gabriel Ihnen nicht sofort zu Hilfe kommt. Sie haben ihm das Problem geschildert, und die Antwort kommt dann, wenn Sie es am wenigsten erwarten. Meiner Erfahrung nach erfolgt die Reaktion meistens am nächsten Morgen, und die Antwort kommt mir dann auf wundersame Weise in den Sinn.

Gleich ob Gabriel erschienen ist oder nicht, das Ritual endet immer auf dieselbe Art. Danken Sie Gabriel zuerst für seine Hilfe, Unterstützung und Führung. Danken Sie ihm dafür, dass Sie Teil derselben göttlichen Kraft ist, die der Welt all die Dinge geschenkt hat, für die Sie zuvor gedankt haben. Gehen Sie noch einmal die Liste all der Dinge durch, für die Sie dankbar sind, atmen Sie dreimal tief durch und öffnen Sie die Augen.

RITUAL FÜR KÖRPER, GEIST UND SEELE

Mit diesem Ritual können Sie Körper, Geist und Seele gemeinsam ansprechen und fokussieren. Wenn alle Aspekte Ihres Wesens auf dasselbe Ziel ausgerichtet sind, entsteht ein starker Magnet, der Sie unweigerlich dorthin zieht, wohin Sie möchten. Natürlich werden wir dieses Ritual hier zu dem Zweck anwenden, mit Gabriel Kontakt aufzunehmen.

Baden Sie und ziehen Sie dann frische, saubere, locker sitzende Kleidung an. Sorgen Sie dafür, dass Sie etwa eine Stunde lang nicht gestört werden. Tatsächlich braucht man für das Ritual meist nur etwa zwanzig bis dreißig Minuten, aber es ist besser, sich doppelt so viel Zeit zu nehmen, damit Sie auch garantiert nicht gestört werden.

Setzen Sie sich auf einen bequemen Stuhl. Schließen Sie die Augen und konzentrieren Sie sich auf Ihren physischen Körper. Spüren Sie Ihren Atem und wie die Luft in Ihre Lungen ein- und wieder herausströmt. Denken Sie an Ihr Herz und daran, wie es das Blut durch Ihren ganzen Körper pumpt. Denken Sie an die verschiedenen Organe Ihres Körpers und wie sie ihre jeweiligen Funktionen erfüllen. Denken Sie an die wunderbare Mechanik Ihrer Wirbelsäule und das ganze System unseres Skeletts. Machen Sie sich auch alle anderen Gefühle oder Empfindungen in Ihrem Körper bewusst.

Denken Sie nun an Ihren Geist und Ihre Fähigkeit, Gedanken und Ideen zu entwickeln. Denken Sie an die unbegrenzten Möglichkeiten Ihres Gehirns. Man schätzt, dass wir unser ganzes Leben lang jede Sekunde etwas Neues lernen könnten und unser Gehirn immer noch längst nicht voll wäre. Das Potenzial unseres Geistes kennt keine Grenzen.

Als Nächstes denken Sie an Ihre Seele, die universelle Lebenskraft in jeder einzelnen Zelle Ihres Körpers. Denken Sie daran, dass Sie ein lebendiger, integraler Teil der Gottheit sind. Ob Sie es nun wissen oder nicht, Sie leben in diesem Augenblick aus einem wichtigen kosmischen Grund.

Wenn Sie das getan haben, denken Sie an Ihren unglaublichen physischen Körper, Ihr grenzenloses Gehirn und an Ihre Verbindung zur göttlichen Intelligenz durch Ihre Seele. Alle anderen Menschen auf diesem Planeten haben diese Eigenschaften natürlich auch, aber Sie sind einzigartig. In der ganzen Menschheitsgeschichte hat es noch nie jemanden gegeben, der genauso war wie Sie. Sie sind ein Wunder.

Wenn Sie so weit sind, stellen Sie sich ihr eigenes Bild vor Ihrem inneren Auge vor. Konzentrieren Sie sich auf Ihr Herz und fühlen Sie, wie sich Ihr physischer Körper immer mehr zusammenzieht, bis er ganz in Ihr Herz eingetreten ist. Stellen Sie sich wieder Ihr Herz vor und malen Sie sich nun aus, wie Ihr Geist hineingeht. Visualisieren Sie Ihre Seele und sehen Sie auch sie in Ihrem Herzen. Jetzt sind Sie nicht mehr Körper, Geist und Seele, sondern die drei sind eins. Halten Sie sich das ganz deutlich vor Augen. Gebrauchen Sie Ihre Phantasie, um sich das so bildhaft wie möglich auszumalen.

Nun ist es an der Zeit, mit Gabriel zu sprechen. Sagen Sie sich im Stillen etwa folgendes: „Hallo, Gabriel. Ich brauche deine Reinigung und Führung. Bitte komm mir zu Hilfe. Ich benötige deine Fähigkeiten der Inspiration und der Prophezeiung. Bitte hilf mir.“

Denken Sie immer weiter solche Gedanken, bis Sie das Gefühl haben, dass Gabriel gekommen ist. Sie werden ganz zweifelsfrei wissen, wenn Gabriel zu Ihnen gekommen ist. Vielleicht nehmen Sie eine leichte Temperaturveränderung im Raum wahr, oder Ihr

Herz schlägt etwas schneller. Möglicherweise empfinden Sie einfach die sichere Gewissheit, dass er da ist. Sobald Gabriel gekommen ist, sagen Sie ihm, woran es fehlt. Erklären Sie die gesamte Situation so detailliert wie möglich, damit Gabriel weiß, weshalb Sie seine Hilfe benötigen. Es kann sein, dass Gabriel Ihnen eine ganze Reihe Fragen stellt. Es kann aber auch sein, dass er einfach nur ruhig zuhört, während Sie die Situation erklären. Natürlich kennt Gabriel Ihr Problem bereits, aber Sie müssen ihm trotzdem die Situation erklären, denn dadurch wird sie Ihnen selbst klarer.

Wenn das Gespräch beendet ist, danken Sie Gabriel dafür, dass er Ihnen zu Hilfe gekommen ist und verabschieden Sie sich in dem Vertrauen, dass er alles Notwendige in die Wege leiten wird, um Ihnen beim Lösen Ihrer Schwierigkeiten zu helfen.

Visualisieren Sie noch einmal jeden Aspekt Ihres Wesens in Ihrem Herzen. Dehnen Sie dann Ihren physischen Körper allmählich wieder aus, bis Sie sich vor Ihrem geistigen Auge genau so sehen können, wie Sie sind. Nehmen Sie Ihren Geist wahr und dehnen Sie ihn wieder bis in Ihr Gehirn hinein aus. Spüren Sie, wie Ihre Seele in jede Zelle Ihres Körpers wandert. Danken Sie der unendlichen Intelligenz für alle Ihre Begabungen und Fähigkeiten, für Ihren herrlichen Körper, Ihr kreatives Gehirn und Ihre belebende Seele.

Atmen Sie ein paar Mal tief durch und öffnen Sie die Augen. Strecken Sie sich und bleiben Sie in Gedanken noch ein oder zwei Minuten bei dem Erlebnis, bevor Sie wieder Ihrer Alltagsbeschäftigung nachgehen.

ABENDGEBET-RITUAL

Dieses Ritual geht zurück auf ein traditionelles jüdisches Gebet, mit dem die vier Erzengel um Schutz während der Nacht angerufen werden. Zusätzlich wendet es sich an die Schekhinah, die man auch den „Engel der Befreiung“ nennt. Der jüdische Lebensbaum kennt zwölf Erzengel. Metatron und die Schekhinah besetzen die oberste Stelle, die sogenannte Krone. Metatron ist eine starke, maskuline Energie, die Schekhinah gleicht diese durch ihre sanftere, feminine Energie aus. Diese liebevolle, fürsorgliche Energie gewährt uns die Schekhinah als zusätzlichen Schutz in den Nachtstunden.

Wenn Sie gut zugedeckt im Bett liegen und das Licht ausgeschaltet haben, sprechen Sie still für sich folgendes Gebet:

„Möge Michael zu meiner Rechten sein, Gabriel zu meiner Linken, Raphael hinter mir, Uriel vor mir und möge über meinem Kopf das göttliche Licht der Schekhinah leuchten.“

Sprechen Sie dieses Gebet langsam und bewusst. Halten Sie jedes Mal, wenn Sie den Namen eines Erzengels aussprechen, ein wenig inne und visualisieren Sie seine oder ihre Gegenwart, bevor Sie im Gebet fortfahren. Visualisieren Sie schließlich das reine weiße Licht der Schekhinah und die Erzengel mit all ihrer Liebe, Geborgenheit und ihrem Schutz um Sie herum.

Meist werden Sie nach diesem Gebet schnell und mühelos einschlafen, umgeben von Frieden, Ruhe, Liebe und Schutz der Erzengel. Aber dieses Gebet bietet auch eine ausgezeichnete Gelegenheit, mit Gabriel oder den Erzengeln über alles zu sprechen, was Sie möchten. Ich verwende diese Zeit am liebsten für ein Gespräch mit Gabriel, da er Führung schenkt und das Tor zu Visionen und prophetischen Träumen öffnet.

Das weitere Vorgehen ist ganz einfach. Wenn Sie das Gebet gesprochen haben, spüren Sie die Gegenwart der vier Erzengel um sich herum, alle eingetaucht in das reine Licht der Schekhinah. Danken Sie jedem Erzengel einzeln, dass er Ihnen Harmonie, Liebe und Schutz schenkt. Danken Sie der Schekhinah für den inneren Frieden und die enge Verbindung zum Göttlichen, die sie gewährt. Sagen Sie jetzt Gabriel, was Ihnen auf dem Herzen liegt. Vielleicht drehen Sie sich auf die linke Seite, Sie können aber auch nur Ihren

Kopf leicht nach links wenden oder sich die Gegenwart Gabriels einfach ein wenig deutlicher machen, bevor Sie beginnen. Was Sie tun, bleibt sich gleich, denn Gabriel weiß sofort, dass Sie mit ihm sprechen.

Halten Sie zwischendurch immer wieder einen Augenblick lang inne, damit Gabriel Ihnen antworten kann. Vielleicht hören Sie Worte oder es durchströmt Sie ein Gefühl der Wärme oder des tiefen Friedens. Setzen Sie das Gespräch so lange fort, bis Sie alles losgeworden sind, was Ihnen auf der Seele liegt. Danken Sie Gabriel dafür, dass er Ihnen zuhört und sich für Sie einsetzt. Atmen Sie einmal langsam und tief durch. Nehmen Sie beim Ausatmen alle fünf Erzengel um sich herum wahr. Nun werden Sie mit Sicherheit fast augenblicklich einschlafen.

Wenn ich so mit Gabriel gesprochen habe, wache ich am nächsten Morgen meist ganz energiegeladen auf und habe lauter produktive Ideen, die ich am liebsten sofort umsetzen möchte.

RITUAL FÜR EINE SOFORT-VERBINDUNG

Es gibt Situationen, in denen wir Gabriels Rat auf der Stelle benötigen. Vor ein paar Wochen hatte ich ein kleines Erlebnis dieser Art. An einem nasskalten und stürmischen Abend war ich unterwegs zu einem Vortrag vor Rotariern. Er sollte in einem mir fremden Stadtteil stattfinden, und ich verirrte mich hoffungslos. Alle Straßen, durch die ich fuhr, waren völlig neu und auf meiner Karte noch nicht verzeichnet. Ich war bereits zwanzig Minuten im strömenden Regen umhergefahren, als ich endlich tat, was ich schon längst hätte tun sollen. Ich hielt an und bat Gabriel um Führung. Die Angaben, die ich erhielt, leiteten mich in eine andere Richtung, als ich für richtig hielt, aber fünf Minuten später stand ich auf dem Parkplatz vor dem Vortragsraum und betrat den Saal genau in dem Augenblick, als das Treffen begann.

Wenn Sie Gabriels Hilfe dringend bedürfen, dann müssen Sie lediglich – am besten laut – sagen: „Gabriel, ich brauche dich. Ich brauche dich jetzt." Sie werden feststellen, dass Gabriel augenblicklich erscheint und seine Hilfe anbietet. Natürlich sollten Sie das nur tun, wenn es wirklich dringend ist.

Jetzt verfügen Sie über mehrere Methoden, um mit Gabriel Kontakt aufzunehmen. Experimentieren Sie damit und finden Sie heraus, welche Ihnen am meisten zusagt. Nun, da Sie wissen, wie man mit Gabriel in Verbindung tritt, ist es an der Zeit, dass Sie lernen, um Hilfe zu bitten. Dies ist das Thema des nächsten Kapitels.

3

UM BEISTAND BITTEN

Wie Sie wissen, ist Gabriel jederzeit bereit, Ihnen zu helfen. Wenn Sie Hilfe benötigen, nehmen Sie mit einer der Methoden aus dem vorigen Kapitel Kontakt zu ihm auf und sagen sie ihm dann genau, was Sie möchten. Sobald Sie Gabriel auf diese Weise um Hilfe gebeten haben, können Sie sich entspannt zurücklehnen und fest darauf vertrauen, dass er die Sache in die Hand nimmt.

Oft jedoch werden Sie Gabriel um spirituelle Erkenntnis oder Hinweise auf Ihren Lebensweg oder innere Reinigung bitten wollen. Jede dieser Bitten erfordert ein besonderes Ritual.

Für den Anfang ist es gut, wenn Sie sich darüber im Klaren sind, wie Sie die Dinge im Allgemeinen angehen. Richten Sie sich eher nach der Logik oder handeln Sie lieber aus dem Gefühl heraus? Fällt es Ihnen leichter, etwas zu beginnen, als es dann auch zu Ende zu führen? Arbeiten Sie gerne alleine oder lieber in Gemeinschaft mit anderen? Zum Glück lässt sich ganz leicht herausfinden, wie wir denken und handeln – und zwar anhand der Buchstaben unseres vollständigen Geburtsnamens. Diese sogenannten vier Temperamente oder Ausdrucksebenen sind ein kleiner Teil der uralten Wissenschaft der Numerologie.

Im Folgenden die Tabelle der Temperamente

	Verstand	Körper	Emotion	Intuition
Starter	A	E	ORIZ	K
Verbesserer	HJNP	W	BSTX	FQUY
Vollender	GL	DM		CV

Tragen Sie nun die Buchstaben Ihres vollständigen Geburtsnamens unter den entsprechenden Buchstaben in der Tabelle ein und addieren Sie dann die Anzahl der Buchstaben in jeder Reihe – und zwar vertikal und horizontal. William Shakespeares Temperamente-Tabelle sieht so aus:

	Verstand	Körper	Emotion	Intuition	
Starter	A	E	ORIZ	K	
	AAA	EEE	RII	K	10
Verbesserer	HJNP	W	BSTX	FQUY	
	HP	W	SS		5
Vollender	GL	DM		CV	
	LL	M			3
	7	5	5	1	

Der Blick auf William Shakespeares Tabelle zeigt, dass er in den horizontalen Zeilen zehn Buchstaben in der Starter-Zeile hat, fünf in der Zeile der Verbesserer und drei in der Zeile der Vollender. Das lässt erkennen, dass es Shakespeare wohl leichter fiel, Dinge zu beginnen, als sie auch zu vollenden. Wahrscheinlich ließ er sich leicht und schnell für neue Ideen begeistern, musste sich dann aber zwingen, sie auch zu Ende zu bringen.

Starter sind begeisterungsfähig, innovativ, kreativ und inspirierend.

Verbesserer bleiben bei dem, was sie einmal begonnen haben. Außerdem können Sie die Ideen anderer gut umsetzen. Zuweilen schwanken Sie zwischen Startern und Vollendern.

Vollender lieben das Detail und empfinden große Freude, wenn sie ein Projekt abgeschlossen haben. Sie sind oft etwas starrsinnig.

Ich habe einen geschäftstüchtigen Freund, der in den letzten zwanzig Jahren bestimmt zwanzig Unternehmen gegründet hat. Sobald sie sich am Markt etabliert haben und Gewinn abwerfen, verkauft er sie. Er ist ein Starter, kein Vollender. Die Menschen allerdings, die diese Unternehmen von ihm kaufen, sind meist Vollender; sie übernehmen gerne eine bestehende Firma und führen sie effizient und erfolgreich. Sie scheuen die Risiken einer Unternehmensgründung, aber sie erkennen das Potenzial, das im kontinuierlichen Ausbau eines bestehenden Unternehmens liegt.

In den vertikalen Spalten hat Shakespeare sieben Buchstaben in der Spalte *Verstand*, jeweils fünf in den Spalten *Körper* und *Emotion* und einen in der Spalte *Intuition*. Shakespeare konnte am besten mit dem Verstand arbeiten.

Weist die Spalte *Verstand* die meisten Buchstaben auf, setzt der Mensch Logik und Vernunft stärker ein als alles andere.

Enthält die Spalte *Körper* die meisten Buchstaben, so kommt der betreffende Mensch am besten mit konkreten Fakten zurecht. Er oder sie möchte das Projekt mit Händen greifen können. Wenn es dazu noch körperlichen Einsatz erfordert, umso besser.

Ist die Spalte *Emotion* diejenige mit dem höchsten Wert, wird der Mensch von seinen Emotionen beherrscht. Er oder sie hat viel Mitgefühl, Phantasie, ein gutes Gespür und Feinsinn. Solche Menschen folgen ihrem Herzen.

Liegt der höchste Wert in der Spalte *Intuition*, verlässt sich der betreffende Mensch hauptsächlich auf sein Gefühl und seine Intuition.

Er oder sie ist wenig pragmatisch und gilt oft als verträumt. Menschen, die mehr Buchstaben in dieser als in allen anderen Spalten haben, sind sehr selten.

Seien Sie sich dabei aber bewusst, dass keine Ebene besser ist als eine andere. Wer sich in erster Linie auf seine Gefühle anstatt auf die Logik verlässt, ist keineswegs besser oder schlechter als jemand, der rein logisch entscheidet. Es sind einfach unterschiedliche Sichtweisen. Auch besagt die Tatsache, dass jemand beispielsweise den höchsten Wert in der Spalte *Verstand* hat und den niedrigsten in der Spalte *Intuition,* nicht, dass dieser Mensch sich nicht doch gelegentlich ganz auf seine Intuition verlässt. Ein solcher Mensch kann eine ausgesprochen gute Intuition haben, muss aber sein logisches Denken etwas bremsen, bevor er sie nutzen kann, weil unter normalen Umständen immer die Logik den Vorrang erhält.

Sie können durchaus wie Shakespeare in mehreren Spalten denselben Wert haben (bei ihm weisen die Spalten *Körper* und *Emotion* jeweils den Wert 5 auf). Dies bedeutet, dass Sie die Eigenschaften beider Spalten gut zu nutzen verstehen.

Werfen Sie zum Schluss einen Blick auf den höchsten Wert in den horizontalen Zeilen und den vertikalen Spalten. Shakespeare fing alles mit dem Verstand an. Seine Tätigkeit war genau das Richtige für ihn. Er konnte gute Ideen für seine Stücke entwickeln und schrieb sie wahrscheinlich extrem schnell, damit sie fertig waren, bevor er das Interesse daran verlor.

Auch hier gilt wieder, dass keine Kombination aus vertikaler Spalte und horizontaler Zeile besser ist als eine andere. Sie zeigen schlicht unterschiedliche Denk- und Handlungsweisen. Ein emotionaler Starter ist sicher ein ganz anderer Mensch als ein körperbetonter Vollender, und sie würden bestimmt völlig unterschiedliche Berufe wählen. Aber auch im selben Beruf wären ihre Vorgehensweise und ihre Methoden der Problemlösung wohl völlig anders.

Selbst Menschen mit übereinstimmenden Werten in einer Ebene können sich in ihrem Vorgehen stark unterscheiden. So wäre ein intuitiver Starter ganz anders als ein intuitiver Vollender, ebenso verhielte es sich bei einem verstandesbetonten und einem emotionalen Verbesserer.

Wenn Sie nun Ihre persönliche Sicht der Dinge kennen, können Sie Gabriel um Hilfe bitten.

Verstandesbetonter Starter

Als verstandesbetonter Starter gehen Sie die Dinge wahrscheinlich sehr direkt an. Wenn Sie etwas wollen, dann muss es sofort sein. Deshalb sollten Sie, wenn Sie Hilfe möchten, Gabriel vielleicht auch um Geduld bitten.

Verstandesbetonter Verbesserer

Als verstandesbetonter Verbesserer nehmen Sie wohl am liebsten in freier Natur mit Gabriel Kontakt auf. Bitten Sie Gabriel um den Blick für das Detail.

Verstandesbetonter Vollender

Als verstandesbetonter Vollender haben Sie eine genaue Vorstellung von dem, was Sie wollen, und sind auch bereit, alles Notwendige dafür zu tun, dass Sie es erreichen. Wahrscheinlich werden Sie Gabriel erst als letztes Mittel um Hilfe bitten.

Körperbetonter Starter

Als körperbetonter Starter wollen Sie keine Zeit verlieren. Sie wollen aktiv zur Lösung jedes Problems beitragen, das sich Ihnen stellt. Vielleicht aber wäre es gut, wenn Sie Gabriel um etwas Geduld bitten sowie um die Fähigkeit, Geld, das Sie haben, nicht gleich wieder auszugeben.

Körperbetonter Verbesserer

Das ist eine ungewöhnliche Kombination. Als körperbetonter Verbesserer sind Sie wahrscheinlich impulsiv und leiden unter Selbstzweifeln. Bitten Sie Gabriel um Geduld, Selbstvertrauen und Umsicht.

Körperbetonter Vollender

Als körperbetonter Vollender sind Sie realistisch, verantwortungsbewusst und haben klare Vorstellungen von Recht und Unrecht. Es ist gut, wenn Sie lernen, die Dinge etwas entspannter anzugehen. Bitten Sie Gabriel, dass er Ihnen hilft, Ihre Gefühle zu zeigen.

Emotionaler Starter

Als emotionaler Starter erleben Sie Ihre Gefühle sehr intensiv. Sie haben einen ausgeprägten Erfolgsdrang und ein großes kreatives Potenzial. Bitten Sie Gabriel, dass er Ihnen hilft, sich zu entspannen und einen Gang zurückzuschalten.

Emotionaler Verbesserer

Als emotionaler Verbesserer sind Sie wahrscheinlich zu bescheiden und halten sich zu sehr im Hintergrund. Sie sind leicht nervös, und es fällt Ihnen schwer, Ausgedientes loszulassen. Bitten Sie Gabriel um Selbstvertrauen und die Fähigkeit, *Nein* zu sagen, wenn man zu viel von Ihnen verlangt.

Emotionaler Vollender

Auch dies ist eine ungewöhnliche Kombination. Als emotionaler Vollender machen Sie sich wahrscheinlich viel zu viele Gedanken und neigen zum Perfektionismus. Bitten Sie Gabriel, dass er Ihnen hilft, offener und selbstsicherer zu werden.

Intuitiver Starter
Als intuitiver Starter fällt es Ihnen schwer, Ihr inneres Gleichgewicht zu wahren. Sie wirken sexuell ausgesprochen anziehend. Bitten Sie Gabriel um Mäßigung in allen Dingen.

Intuitiver Verbesserer
Als intuitiver Verbesserer fällt es Ihnen schwer, Verantwortung zu tragen, und Sie suchen immer wieder neue Ausflüchte. Bitten Sie Gabriel, dass er Ihnen hilft, sich selbst Gutes zu tun und Ihren Verstand sowie Ihre Intuition zu stärken.

Intuitiver Vollender
Als intuitiver Vollender können Sie Großes erreichen, solange Sie sich voll und ganz dafür einsetzen. Wahrscheinlich können Sie sich sehr gut ausdrücken. Bitten Sie Gabriel um Hilfe, damit Sie sich lohnende Ziele setzen können.

Keiner dieser Ansätze ist besser als der andere. Zum Glück sind wir alle verschieden, und was für Sie vollkommen richtig ist, muss für jemand anderen in Ihrer Familie keineswegs so gut funktionieren, weil deren Lebensauffassung vielleicht eine etwas andere ist als Ihre.

GABRIEL UM SPIRITUELLE ERKENNTNIS BITTEN

Immer wieder heißt es, wir seien spirituelle Wesen, die gerade eine körperliche Inkarnation durchlaufen. Als Theorie ist das ja gut und schön, aber vielen Menschen, die sich ihrer spirituellen Seite durchaus bewusst sind, fällt es dennoch schwer, die nötige Zeit und Energie aufzubringen, diese Seite weiter zu entwickeln. Der Alltag ist für die meisten Menschen schon ohne den zusätzlichen Druck, nun auch noch ihre Spiritualität entwickeln zu müssen, schwierig genug. Nur allzu leicht kann man sich von den täglichen Pflichten völlig vereinnahmen lassen, und die meisten Menschen müssen eines Tages entdecken, dass bereits ein großer Teil ihres Lebens vorüber ist, ehe sie ihre spirituelle Seite entwickeln.

Zum Glück kann Gabriel uns das Ganze leichter machen. Sobald Sie erst einmal angefangen haben, regelmäßig mit ihm Kontakt aufzunehmen, wird Ihr Wunsch nach mehr Wissen und Erkenntnis ganz von selber stärker werden. Sie können ihm zu jedem beliebigen Thema Fragen stellen.

Wenn Ihre innere Schau wie blockiert erscheint, fragen Sie ihn, wie dies geschehen konnte und was Sie dagegen tun können. Wenn Sie Glaubenszweifel plagen, bitten Sie Gabriel, Ihren Glauben zu stärken. Bitten Sie Gabriel um inspirierende Botschaften, die Ihnen helfen und Sie anleiten, Ihre spirituelle Seite weiter zu entwickeln. Gabriel steht Ihnen dabei bereitwillig zur Seite, und Sie werden mit Freuden sehen, wie Sie sich während dieser gesamten Inkarnation spirituell immer weiter entwickeln und immer mehr wachsen.

Joshuas Eltern waren Rationalisten, und er war atheistisch erzogen worden. Über spirituelle Dinge machte er sich kaum Gedanken, bis seine Frau beinahe an Krebs gestorben wäre. Durch dieses Erlebnis sah er sein Leben in einem ganz neuen Licht, und zu seiner eigenen Überraschung entwickelte er plötzlich großes Interesse an Spiritualität, um den Sinn seines Lebens zu verstehen. Schließlich kam er mit den Erzengeln in Berührung und bat Gabriel zu verschiedenen Fragen um Rat, die ihn beschäftigten. Als er Gabriel eines Tages fragte, welcher Kirche seine Frau und er beitreten sollten, änderte sich sein Leben grundlegend. Gabriel empfahl eine kleine Gemeinde am anderen Ende der Stadt. Es erschien unsinnig, diese weite Strecke zu fahren, und so brauchten Joshua und seine Frau ein paar Wochen, bevor sie zum ersten Mal dorthin gingen. Die Gemeinde schien nur auf sie zu warten und nahm sie aufs Herzlichste in Empfang. Heute, zwei Jahre später, ist Joshua Laienprediger in dieser Kirche, und seine Frau engagiert sich sehr in der Kinder- und Jugendarbeit. Dank Gabriel entwickeln sie sich beide spirituell genau so, wie es für sie richtig ist.

Interessanterweise wies Gabriel meiner entfernten Verwandten Annabelle eine ganz andere Richtung. Nach einer katastrophalen Beziehung dachte sie grundlegend über ihr Leben nach. Die Erzengel kannte sie bereits, und als sie ihr Leben allmählich wieder in den Griff bekam, bat sie Gabriel regelmäßig um Führung. Sie glaubte, sie würde wieder glücklich, wenn sie eine gute Beziehung aufbauen könnte, und sie hatte sogar das Glück, sehr schnell einen guten Partner zu finden. Aber etwas vermisste sie. Durch ihre Gespräche mit Gabriel entdeckte Annabelle, dass in ihrem Leben alles Spirituelle fast völlig fehlte. Sie besuchte mehrere religiöse Gemeinschaften und löste sich schließlich mit Gabriels Hilfe ganz vom Christentum. Ihre Freunde waren über diesen Richtungswechsel höchst beunruhigt, aber sie wusste, dass sie das Richtige für sich gefunden hatte. Schließlich konnte sie sogar ihre Freunde davon überzeugen, dass dies ihr Weg zu spirituellem Wachstum war.

GABRIEL UM HILFE BEI DER SUCHE NACH DEM RICHTIGEN LEBENSWEG BITTEN

Die meisten Menschen hegen hin und wieder Zweifel, ob sie den richtigen Lebensweg für sich bereits gefunden haben. Zum Glück kann Gabriel Ihnen dabei helfen, herauszufinden, ob Sie die Lektionen lernen, die für die Entwicklung Ihrer Seele am besten sind. Wenn Sie aus irgendeinem Grund vom richtigen Weg abgekommen sind, hilft Gabriel Ihnen ausgesprochen gerne, den Weg zu finden, der für Sie der richtige ist. Gabriel schenkt Ihnen mit Freuden Führung und Anleitung, weil Sie den Sinn Ihres Lebens nämlich erst dann erfüllen können, wenn Sie den richtigen Weg gefunden haben.

Fragen Sie Gabriel in Ihren Gesprächen mit ihm, ob Sie auf dem richtigen Weg sind. Wenn ja, bitten Sie ihn um Erkenntnisse, wie Sie schneller vorankommen können. Sind Sie nicht auf dem richtigen Weg, bitten Sie ihn, Sie dahin zu führen, wohin Sie gehören. Wenn Ihnen das Leben sinnlos und leer erscheint, dann sind Sie wahrscheinlich von dem Weg abgekommen, der für Sie der richtige ist.

Ein Freund von mir wusste immer, was er eigentlich tun sollte, wehrte sich aber dagegen, weil seine Familie nicht damit einverstanden war. Sein Vater war Richter und wollte, dass auch sein Sohn Jurist würde. Aber Liam wollte immer schon Maler werden. Als Kind waren alle hingerissen von seinen Bildern, als er aber verkündete, dass er die Malerei zu seinem Beruf machen wollte, gerieten seine Eltern außer sich vor Wut. Also studierte er Jura und wurde ein mittelmäßiger Anwalt. Er konnte sehr gut davon leben, aber er fühlte sich ausgesprochen unwohl. Wie nicht anders zu erwarten, erlitt er Anfang dreißig einen völligen körperlichen und seelischen Zusammenbruch. So war er gezwungen, noch einmal sehr intensiv über sein Leben nachzudenken und klar zu erkennen, wie er mit sich selber umging. Dabei entdeckte Liam die Engel und entwickelte seine Spiritualität. Die Folge war, dass er den Beruf wechselte und Maler wurde. Aber selbst jetzt wollte er seinen Eltern nicht sagen, was er vorhatte. Er sagte Ihnen, er nehme sich ein Jahr frei, um sich grundlegend zu erholen.

Liam und seine Frau zogen in ein kleines Häuschen am Meer, und er fing wieder an zu malen. Es dauerte mehrere Monate, bevor er sein erstes Bild verkaufte. Er machte sich deswegen jedoch keine Sorgen, weil Gabriel ihm bestätigt hatte, dass er nun endlich das tat, wozu er auf diese Erde gekommen war. Nach einem Jahr erzielte er mit seiner Kunst ein bescheidenes Einkommen und beschloss, seinem neuen Beruf treu zu bleiben. Noch immer verdient er nur einen Bruchteil des Geldes, das er als Anwalt verdient hat, sieht aber heute um Jahre jünger aus als früher und fühlt sich zum ersten Mal in seinem Erwachsenenleben vollkommen erfüllt und glücklich.

GABRIEL UM INNERE REINIGUNG BITTEN

Innere Reinigung braucht jeder Mensch irgendwann einmal. Wenn Ihr Körper zum Beispiel voller Giftstoffe steckt, benötigen Sie körperliche Reinigung. Wenn Sie einfach nicht von unreinen oder negativen Gedanken loskommen können, geht es um geistige Reinigung. Wenn Sie belästigt oder in irgendeiner Form missbraucht wurden, wird eine innere Reinigung notwendig, damit Sie wieder nach vorne blicken können. Wenn Sie co-abhängig sind oder sich die Probleme anderer Menschen allzu lange haben aufbürden lassen, benötigen Sie seelische Reinigung. Ist die Reinigung erst einmal abgeschlossen, können Sie die Veränderungen herbeiführen, die erforderlich sind, um Ihrem Leben wieder eine positive Richtung zu geben.

Der Vorgang selbst ist äußerst unkompliziert. Bitten Sie Gabriel in Ihren Gesprächen mit ihm, Sie an Körper, Geist und Seele zu reinigen. Wahrscheinlich haben Sie schon davon gehört, dass man sich immer, wenn man Schutz benötigt, mit weißem Licht umgeben kann. Dieses Licht können Sie aber auch zur inneren Reinigung verwenden. Schließen Sie dazu die Augen und malen Sie sich vor Ihrem geistigen Auge aus, dass Sie vollständig von weißem Licht umgeben sind. Sobald Sie dies klar vor Augen haben, stellen Sie sich vor, dass Gabriel außerhalb dieses weißen Lichtes steht. In der Hand hält er einen großen Schlauch, wie ihn auch Feuerwehrleute benutzen. Schauen Sie zu, wie er diesen Schlauch nun aufdreht und Sie abspritzt. Das tut er nicht mit Wasser, sondern mit der reinsten weißen Energie, die Sie sich vorstellen können. Er spritzt Ihren physischen Körper von Kopf bis Fuß ab. Spüren Sie dem Prickeln nach, wenn das weiße Licht Ihren physischen Körper gründlich reinigt. Wenn Ihr physischer Körper gereinigt ist, visualisieren sie, wie Gabriel noch einmal von vorne anfängt, wobei er allerdings dieses Mal Ihren Geist- oder Mentalkörper mit diesem reinen weißen Licht erfüllt. Wieder wäscht er Sie von Kopf bis Fuß mit der Energie aus dem Schlauch. Wenn das getan ist, stellen Sie sich vor, dass er nun Ihren seelischen Körper mit der unglaublich heilsamen Energie des weißen Lichtes reinigt. Auch jetzt wieder schickt er das reine weiße Licht aus dem Schlauch zu jedem Teil Ihres seelischen Körpers. Schauen Sie zum Schluss zu, wie Gabriel den Schlauch abstellt. Danken Sie ihm und bleiben Sie so lange wie möglich in dem weißen Licht stehen, das Sie umgibt. Wenn Sie bereit sind, begeben Sie sich wieder an Ihre normalen Alltagsbeschäftigungen. Wiederholen Sie das mindestens einmal täglich, so lange bis Sie sich vollständig erholt fühlen. Selbst danach kann es sehr hilfreich sein, wenn Sie dieses Ritual mindestens einmal wöchentlich ausführen, damit mögliche Probleme noch im Ansatz behoben werden können.

Eine meiner Kursteilnehmerinnen war, ein paar Jahre bevor sie meinen Kurs zur Verbesserung medialer Fähigkeiten besuchte, zusammengeschlagen und vergewaltigt worden. Sie hatte alles Erdenkliche versucht, um wieder so leben zu können wie vor dem Überfall, fühlte sich aber immer noch schmutzig an Körper, Geist und Seele. Vorübergehend half ihr, dass ihr Vergewaltiger zu einer langen Haftstrafe verurteilt wurde, aber schon bald fühlte sie sich wieder unrein. Sie wandte diese Übung zweimal täglich an und verspürte sofort eine Wirkung. Dennoch dauerte es mehrere Monate, bevor sie das Gefühl hatte, dass ihr Leben nun wieder so schön war wie vor dem Überfall. Auch wenn sie Zeit benötigte, so zeigt ihr Prozess doch, wie wohltuend und heilsam diese Übung ist.

GABRIEL UM KLARHEIT BITTEN

Für den Erzengel Gabriel ist es immer eine ausgesprochene Freude, wenn er Ihnen Botschaften übermitteln kann. Er tat dies für Jeanne d'Arc, für die Jungfrau Maria und immer wieder im Laufe der Geschichte. Es gibt also keinen Grund, warum er das nicht auch für Sie tun sollte. Aber Sie müssen ihn darum bitten. Viele Menschen bitten ihn zum ersten Mal darum, wenn sie einen seltsamen Traum haben, den sie nicht deuten können. Natürlich hilft Gabriel dann gerne.

Vielleicht haben Sie das Gefühl, dass Ihre Intuition blockiert ist. Ein Mann sagte mir einmal, er fühle sich, als habe sich sein Drittes Auge geschlossen. Andere sprachen von einem Unwillen, Wahrgenommenes zu akzeptieren. Unabhängig davon, was die Ursache dafür sein mag, hilft Gabriel Ihnen immer gerne, Ihre Intuition zu erhalten und zu verbessern.

Wenn Sie wichtige Entscheidungen treffen müssen oder unsicher sind, wie es in Zukunft weitergehen soll, bitten Sie Gabriel um eine prophetische Zukunftsschau. Dies gibt Ihnen die Möglichkeit, einen Blick in die Zukunft zu werfen. Wenn Ihnen die Zukunft, so wie sie sich in Ihren Visionen zeigt, nicht gefällt, bitten Sie Gabriel, Ihnen bei entsprechenden Veränderungen zu helfen, damit die Zukunft so werden kann, dass es Ihnen damit gut geht.

Alle diese Bitten können Sie im Verlauf eines Gesprächs mit Gabriel vorbringen. Natürlich können Sie auch ein formelles Ritual erfinden, wenn Sie möchten. Ich habe beides schon gemacht und fand beides gleichermaßen wirksam. Wenn Sie jedoch gegenwärtig kaum noch intuitive Erkenntnisse erhalten oder diese kaum annehmen können, sollten Sie sich dem in einer gesonderten Sitzung zuwenden.

Essen Sie mindestens zwei Stunden vor der Sitzung nichts. Trinken Sie in dieser Zeit Wasser, falls Sie durstig sind. Ihr Geist sollte während dieses Gesprächs frei und wach sein.

Setzen Sie sich irgendwo hin, wo Sie ungestört sind. Achten Sie darauf, dass Sie es möglichst bequem haben. Nehmen Sie Kontakt mit Gabriel auf und erzählen Sie ihm von Ihren Sorgen. Sagen Sie ihm, dass Ihre Intuition nicht so funktioniert, wie sie eigentlich sollte. Vielleicht wissen Sie sogar den Grund dafür. Wenn ja, erzählen Sie Gabriel alles darüber.

Vor vielen Jahren begegnete ich einem Mann, der mehrfach wiederkehrende Träume hatte, in denen er eine bestimmte Frau traf. Doch als er ihr schließlich tatsächlich begegnete, wurde daraus nicht – wie er gedacht hatte – eine Liebesbeziehung. Ganz im Gegenteil, die Frau konnte ihn nicht ausstehen. Das traumatisierte den Mann so sehr, dass er beschloss, fortan nie wieder etwas auf seine Träume zu geben. Wie nicht anders zu erwarten, setzte sein Unbewusstes diese Haltung in die Realität um. Leider aber ging es dabei zu weit und verhinderte gleich jegliche intuitive Einsicht. Als er erkannte, was er sich damit angetan hatte, sprach er mit Gabriel darüber, und die Schwierigkeiten wurden behoben. Dieses Beispiel zeigt, dass wir sorgfältig darauf achten müssen, worum wir bitten, weil die Folgen zuweilen viel tiefgehender und weitreichender sein können als beabsichtigt.

Während dieses Rituals müssen Sie aufmerksam zuhören. Sie vollziehen es, um Ihre Intuition wieder zu erlangen oder zu verbessern. Deshalb müssen Sie sehr aufmerksam auf Erkenntnisse achten, die Ihnen dabei kommen. Meist genügt bereits eine einzige Sitzung. Sie können das Ritual aber auch mehrfach ausführen, um sicherzugehen, dass Ihre Intuition wieder völlig hergestellt ist.

GABRIEL EINEN BRIEF SCHREIBEN

Briefe an Gabriel können eine große Hilfe sein. Manchmal ist es leichter, seine Gedanken zu Papier zu bringen, als sie nur im Kopf zu behalten oder ausführlich mündlich zu erklären. Vergessen Sie alles, was Sie über formelle Geschäftsbriefe wissen. Ihre Briefe an Gabriel dürfen so ungezwungen sein wie Sie möchten. Ich beginne meine Briefe immer mit „Lieber Gabriel" und ende mit einem Ausdruck meiner Liebe zu ihm. Der eigentliche Inhalt des Briefes ist jedoch immer wieder ein anderer und hängt ganz vom Grund ab, aus dem ich schreibe.

Manchmal verfasse ich an Gabriel einen Dankesbrief, worin ich ihm sage, wie dankbar ich ihm für alles bin, was er für mich tut. Ein anderes Mal bitte ich um eine bestimmte Hilfe, und natürlich drehen sich solche Briefe dann um mein Anliegen. Hin und wieder kommt es auch vor, dass ich nicht so recht weiß, was ich schreiben soll, und diese Briefe wirken dann eher etwas zusammenhanglos, bis ich nach und nach herausgearbeitet habe, warum ich in dem Augenblick den Drang verspürte, ihm zu schreiben.

Wenn irgend möglich, verwende ich gutes Briefpapier und einen Füllfederhalter. Wo die nicht verfügbar sind, schreibe ich den Brief auf das nächstbeste Stück Papier, das ich ergattern kann. Den fertigen Brief unterschreibe ich und stecke ihn in einen Umschlag, den ich dann verschließe.

Der nächste Schritt besteht nun darin, diesen Brief an Gabriel zu schicken. Suchen Sie dazu einen Ort auf, am besten in freier Natur, an dem Sie ungestört sind, und verbrennen Sie den Brief. Danken Sie Gabriel dabei. So mache ich das, wenn ich wenig Zeit habe. Lieber aber gestalte ich ein kleines Ritual, durch das ich den Brief formell an Gabriel abschicke.

Dazu verwende ich eine einzelne weiße Kerze und stelle sie auf meinen Altar. Ein Altar in diesem Sinne ist einfach ein passender

Ort, an dem sich spirituelle oder sakrale Handlungen vollziehen lassen. Ich habe einen Tisch, der nur zu diesem Zweck verwendet wird. Geeignet ist aber jede glatte Oberfläche, vorausgesetzt sie ist sauber und Sie behandeln sie respektvoll. Viele verwenden sogar einen Teil des Küchentischs dazu. Da sich jede ebene Fläche zur spontanen Verwendung als Altar eignet, müssen Sie nicht erst lange danach Ausschau halten.

Ich stelle die Kerze im hinteren Teil des Altars auf und lege den Brief davor. Ich sitze oder knie direkt davor, zünde die Kerze an, schließe dann die Augen und rufe die Erzengel. Sobald ich ihre Gegenwart spüre, danke ich ihnen für ihre Hilfe, ihre Führung und ihren Schutz. Dann nehme ich den Brief in beide Hände und reiche ihn symbolisch Gabriel dar. Danach verbrenne ich den Brief in der Kerzenflamme und danke dabei Gabriel für seine Hilfe, nicht nur in Bezug auf mein momentanes Anliegen, sondern für alles, was er für mich getan hat. Danach verweile ich noch ein, zwei Minuten still in der Gemeinschaft der Erzengel. Zum Schluss danke ich ihnen, lösche die Kerze und begebe mich wieder an meine normale Tätigkeit.

Probieren Sie das aus, und Sie werden mit Freuden feststellen, dass dieses Ritual Sie sofort von allen Sorgen und Kümmernissen befreit. Sie fühlen sich gestärkt, und die große Last der Probleme, die Sie so lange mit sich herumgetragen haben, ist von Ihnen genommen. Sie können jetzt den Alltag wieder neu gestalten.

Gabriel ist bereit, Ihnen stets Hilfe und Führung zu schenken, wenn Sie dies möchten. Es genügt, ihn darum zu bitten. Es ist ein wunderbares Gefühl zu wissen, dass wir Gabriel stets anrufen können, wenn wir ein Problem haben, das uns unüberwindlich erscheint. Es ist wohltuend, jeden Tag einfach ein paar Minuten lang Kontakt mit Gabriel aufzunehmen. Darum geht es im nächsten Kapitel.

4

KONTAKT MIT GABRIEL TAG FÜR TAG

Es ist wunderbar, Gabriel als fürsorglichen Freund bei sich zu wissen, als jemand, der tut, was er nur kann, um uns zu helfen. Deshalb werden Sie wahrscheinlich täglich Kontakt zu ihm aufnehmen wollen. Selbstredend möchten Sie ihm nicht zur Last fallen, aber es gibt keinen Grund, warum Sie nicht jeden Tag ein kurzes Ritual abhalten sollten, womit sie Gabriel danken, dass er für Sie da ist.

Das können Sie mit einer beliebigen Methode aus Kapitel zwei tun. Ich selbst verwende dazu aber am liebsten ein besonderes Ritual, das einzig dem Dank an Gabriel gewidmet ist. Ich bringe dabei keinerlei Bitten oder Anliegen vor. Es geht einzig darum, Gabriel für alles, was er tut, aufrichtig zu danken. Ich möchte, dass er meine Anerkennung erfährt und weiß, wie dankbar ich ihm bin, aber ich möchte ihn nicht täglich mit Bitten und Anliegen belästigen.

In der Praxis kommt es vor, dass ich Gabriel manchmal zwei oder drei Mal in einem Monat um Hilfe bitte und dann drei oder vier Monate gar nichts von ihm benötige. Am besten versuchen wir, unsere Probleme zunächst selbst zu lösen und rufen die Erzengel nur dann an, wenn es wirklich notwendig ist.

Natürlich brauchen Sie, um mit Gabriel in Kontakt zu treten, einen geeigneten Raum und ausreichend Zeit, um die Kommunikation auch abschließen zu können. Theoretisch ist das an jedem Ort möglich, aber nach Möglichkeit sollten Sie dafür immer dieselbe Stelle nutzen. Ich versuche möglichst auch, vorher zu baden und frische Kleidung anzulegen. Sie wissen ja, dies ist immer ein guter Beginn eines Rituals. Wie Sie aber gleich sehen werden, lässt sich dieses Ritual so schnell und leicht durchführen, dass Sie es sogar im Büro am Schreibtisch tun können.

DANKRITUAL

Dieses Ritual umfasst vier Schritte

1. Eine kosmische Mudra formen
2. Bauchatmung
3. Kontakt mit Gabriel aufnehmen
4. Dank

Es ist schön, wenn Sie vor dem Ritual ein paar Minuten an Gabriel und alles, was er für Sie tut, denken. Ich verspüre dabei immer ein Gefühl freudiger Erwartung und Aufregung, wenn ich weiß, dass ich ihm gleich für seine vielen Segnungen, die er mir schenkt, danken werde. Sobald ich so weit bin, beginne ich mit dem eigentlichen Ritual.

EINE KOSMISCHE MUDRA FORMEN

Dieses Ritual kann man zwar sitzend durchführen, ich stehe dabei aber lieber. Zu Beginn formen wir mit den Händen eine kosmische Mudra. Legen Sie dazu die Außenkante Ihrer rechten Hand (die Handfläche zeigt nach oben) ein paar Zentimeter über dem Bauchnabel an Ihren Bauch. Dieser Teil des Bauches gilt in vielen Kulturen als Sitz von Kraft und Energie, als die wahre Heimat der Lebenskraft. Für Theron Q. Dumont war der Solarplexus so wichtig, dass er ihn als „das Bauchhirn" bezeichnete.[25] Ihr klei-

25 Theron Q. Dumont, *The Solar Plexus or Abdominal Brain*, (ursprünglich veröffentlicht 1918, Neuausgabe 2004 bei Kessinger Publishing)

ner Finger sollte am Bauch anliegen. Legen Sie die linke Hand so in die Handfläche Ihrer rechten, dass die Fingerknöchel ungefähr deckungsgleich liegen. Die Daumenkuppen sollten sich berühren. Jetzt haben Sie eine kosmische Mudra geformt.

Das Wort „Mudra“ kommt aus dem Sanskrit und bedeutet „Geste“, „Haltung“ oder „Siegel“. Eine Mudra ist eine symbolische Geste mit Händen und Fingern. Vielleicht fragen Sie sich, was das Wort „Siegel“ in der Definition von Mudra zu bedeuten hat. Durch die Berührung der Daumen schaffen Sie ein Siegel, mit dem Sie die Mudra schließen. Das bedeutet, dass Sie physisch und symbolisch den Raum, in dem das Ritual stattfinden soll, geschlossen haben.

Mudras werden in Indien in Ritual und Tanz häufig verwendet, und jede Bewegung hat eine eigene Bedeutung. Bei der Verwendung im Ritual fördert, stärkt und intensiviert die präzise Handhaltung die spirituelle Erfahrung. In gewissem Sinne sind Mudras eine Zeichensprache, die Veränderungen im physischen, im Mental- und im Geistkörper bewirkt. Buddha-Statuen zeigen häufig Mudras. Vielleicht haben Sie schon einmal einen Buddha mit auf Schulterhöhe erhobener rechter Hand gesehen, was *Fürchte dich nicht* bedeutet; vielleicht auch ruhte seine rechte Hand in seiner linken, was Meditation anzeigt. Mit Mudras kann man fast alles ausdrücken. Wenn Sie jemandem die geballte Faust zeigen, formen Sie eine Mudra, die Ihren Ärger verdeutlicht. Mit den zum Gebet aneinander gelegten Händen formen Sie die Mudra der Frömmigkeit.

Sie werden feststellen, dass Stehen oder Sitzen mit zur kosmischen Mudra geformten Händen entspannend und beruhigend wirkt.

BAUCHATMUNG

Im nächsten Schritt konzentrieren wir uns auf die Atmung. Atmen Sie durch die Nase und spüren Sie, wie die Luft durch Ihre Nasenlöcher einströmt. Lassen Sie den Atem bis in den Bauchraum strömen. Bei der Bauchatmung hebt und senkt sich der Bauch bei jedem Atemzug, während die Brust fast völlig ruhig bleibt. Sie werden spüren, wie Ihr Bauch beim Einatmen gegen Ihren kleinen Finger drückt und beim Ausatmen wieder nachgibt.

Vielen Menschen fällt die Bauchatmung schwer. Wenn es Ihnen auch so geht, atmen Sie zunächst ganz normal. Achten Sie auf den regelmäßigen Rhythmus Ihres Atems. Halten Sie dann nach mehreren Atemzügen die Luft nach dem Einatmen an. Drücken Sie den Solarplexus nach außen, atmen Sie dann aus und ziehen Sie dabei absichtlich Ihre Bauchmuskeln zusammen. Wiederholen Sie das mehrfach, bis Sie ganz von selbst und mühelos in den Bauch hineinatmen. Wenn Sie immer bei diesem Ritual in den Bauch hineinatmen, haben Sie irgendwann „den Dreh raus" und brauchen nicht mehr bewusst an die Bauchatmung zu denken.

Atmen Sie während dieses Rituals ein paar Mal langsam und tief durch und halten Sie den Atem kurz an, bevor Sie wieder ausatmen. Sie werden spüren, dass die Verbindung aus Mudra und Bauchatmung Sie für diese kurze Zeit aus dem üblichen Alltagsgetriebe heraushebt, selbst wenn Sie dabei mitten unter Menschen sind.

MIT GABRIEL KONTAKT AUFNEHMEN

Wenn Sie so weit sind, bitten Sie Gabriel, zu Ihnen zu kommen. Sobald Sie dieses Ritual ein paar Mal durchgeführt haben, genügt es wahrscheinlich oft bereits, wenn Sie still für sich „Hallo Gabriel" sagen. Solange Sie mit diesem täglichen Ritual noch am Anfang stehen, ist es aber sicher besser, wenn Sie Gabriel bitten, zu Ihnen zu kommen und dann warten, bis Sie seine Gegenwart spüren. Wenn innerhalb einer Minute nichts geschieht, konzentrieren Sie sich noch einmal ein paar Atemzüge lang auf Ihren Atem und laden Sie dann Gabriel erneut zu sich ein. Verspüren Sie immer noch keine Reaktion, nehmen Sie die Hände auseinander und schütteln

Sie sie kräftig aus. Trinken Sie etwas Wasser und fangen Sie mit dem Ritual noch einmal von vorne an.

Praktisch kommt es kaum vor, dass Gabriel nicht sofort erscheint. Vielleicht haben Sie nur allzu gespannt auf ihn gewartet oder Sie standen unmittelbar vor dem Ritual unter sehr großer Anspannung. Möglich ist auch, dass Sie dem Ritual nicht Ihre ungeteilte Aufmerksamkeit widmen konnten. Aber derlei Schwierigkeiten sind nie von langer Dauer. Sie verschwinden allmählich, sobald Ihnen die tägliche Kommunikation mit Gabriel zur Gewohnheit wird.

DANK

Sobald Gabriel bei Ihnen ist, sagen Sie ihm, wie sehr Sie ihn lieben und danken Sie ihm für alles, was er bisher für Sie getan hat und immer noch tut. Danken Sie ihm dafür, dass er immer für Sie da ist. Warten Sie kurz seine Reaktion ab und verabschieden sich dann. Dieser Abschied sollte fröhlich und zuversichtlich sein wie der von einem Freund, den Sie in einem oder zwei Tagen wiedersehen.

Zum Abschluss reibe ich meine Hände kräftig aneinander und wende mich dann wieder meiner normalen Tätigkeit zu.

Wie Sie sehen, lässt sich das ganze Ritual in weniger als einer Minute ausführen, wenn gerade wenig Zeit ist. Ich versuche immer, bei einem Ritual nicht zu hetzen und lasse mir dazu ausreichend Zeit, so dass ich es richtig vollziehen kann. Für dieses einfache Ritual wende ich meist drei bis vier Minuten auf. Auch wenn dieses Ritual belanglos erscheint, kann es doch eine starke Wirkung zeigen. Die Tatsache, dass Sie täglich mit einem der großen Erzengel sprechen, wird Ihre Stimmung sicher heben und Ihnen die Zuversicht geben, Dinge anzupacken, die zuvor nicht zu bewältigen schienen. Probieren Sie es aus und lassen Sie sich überraschen, wie es bei Ihnen wirkt.

GABRIEL UND DIE STERBENDEN

Das klingt nicht gerade nach einem fröhlichen Thema, aber es kann sehr nützlich sein, mit Gabriel Kontakt aufzunehmen, wenn Sie wissen, dass jemand im Sterben liegt oder gerade gestorben ist. Der Tod ist immer noch mit vielen Tabus belegt, und wenn Sie mit einem unheilbar kranken Menschen über Engel sprechen, sollten Sie sehr vorsichtig sein. Aber Sie können solchen Menschen helfen, ohne unbedingt über das Engelreich sprechen zu müssen. Am besten ist es natürlich, wenn Sie einfach für diesen Menschen da sind. Geben Sie ihm so viel Liebe wie nur möglich. Lesen Sie ihm vor, besuchen Sie ihn und lassen Sie ihm jedwede Unterstützung zukommen. Beten Sie für ihn, aber halten Sie ihn nicht von seinem eigenen spirituellen Entwicklungsweg ab.

Gabriel schlägt eine Brücke zwischen dieser Welt und der nächsten. Gerne geleitet er die Seele ins Leben nach dem Tod und hilft ihr dort. Natürlich wird auch Azrael, der Engel des Todes, zugegen sein. Er erscheint stets in der Todesstunde und führt den betreffenden Menschen auf das nächste Wegstück seiner Reise. Er freut sich sehr, wenn Gabriel die Seele dabei begleitet, sich im nächsten Leben zurechtzufinden.

Bitten Sie Gabriel deshalb, dem sterbenden Menschen vor und nach dem Tode beizustehen. Beten Sie noch mehrere Wochen nachdem der Mensch verstorben ist für ihn. Danken Sie Gabriel in jedem Gebet für die Hilfe, die er diesem Menschen zukommen lässt.

Im nächsten Kapitel lernen wir andere Möglichkeiten kennen, mit Gabriel Kontakt aufzunehmen. Die erste ist die wenig bekannte Kunst der Knotenmagie.

5

KNOTENMAGIE

Der Koran spricht in Sure 113 von „Knoten-Anbläserinnen". Das sind Menschen, die Verwünschungen aussprechen und dabei Knoten knüpfen. Lubaid, eine dieser Knoten-Anbläserinnen, knüpfte elf Knoten in ein Seil und warf es in einen Brunnen, um dem Propheten Mohammed Unheil zuzufügen; und tatsächlich wäre Mohammed gestorben, hätte Gott ihm nicht die entscheidenden beiden Suren (112 und 113) gegeben. Mit den Suren sandte er Gabriel, der ihn lehrte, wie man sie verwenden sollte. Das Seil wurde aus dem Brunnen gezogen und Mohammed rezitierte die elf Verse der beiden Suren über den Knoten. Am Ende jeder Zeile löste sich jeweils ein Knoten von selbst, und Mohammed war von dem Zauber befreit.[26]

Ein Knoten symbolisiert von alters her Liebe, Verbindung und dauerhafte Beziehungen. Brahmanen tragen geknotete Schnüre, die sie mit Brahma verbinden, Franziskanermönche tragen Kordeln mit drei Knoten, die sie an ihr dreifaches Gelübde Armut, Zölibat und Gehorsam binden. Wer an ein Versprechen „gebunden" ist, wird das sicher auch erfüllen. Alle diese Begriffe entstammen der Knotenmagie. Immer wenn Sie sich einen Knoten ins Taschentuch machen, damit Sie etwas auf keinen Fall vergessen, vollziehen Sie eine Form der Knotenmagie.

Die Kordel- oder Knotenmagie kennt man heute kaum noch, aber sie hat eine lange Geschichte. Magische Knoten fand man auf der

26 E. A. Wallis Budge, *Amulets and Superstitions*, Oxford University Press, Oxford 1930.

Mumie von Tutanchamun, was Rückschlüsse auf das Alter dieser Form der Magie zulässt.[27] Den Knoten der Isis – einen Knoten, der aussah wie ein Ankh mit verschränkten Kreuzarmen – trugen die alten Ägypter als Schutzamulett.[28] Goldene Acht-Knoten waren zur Zeit des Mittleren Reichs beliebt. Exemplare solcher Knoten, die man als Armband oder Fußkettchen trug, wurden an mehreren Begräbnisstätten gefunden.[29] Der berühmte Gordische Knoten versprach dem Menschen, der ihn löste, ganz Asien. Alexander der Große hieb in seiner Ungeduld den Knoten mit dem Schwert entzwei und erreichte sein Ziel nur teilweise. Zur Römerzeit durfte man im Tempel der Juno Lucina, der Göttin der Geburt, keine geknoteten Gewänder tragen. Dies deshalb, weil die Römer an Sympathie-Magie glaubten und ein Knoten für eine Blockade stand, was nun einmal in einem der Geburt gewidmeten Tempel ganz und gar unerwünscht war.[30] Tausendfünfhundert Jahre später band man einen Knoten in den Hosenlatz verlobter Männer, damit das Paar nicht bereits vor der Trauzeremonie die Ehe vollzog.[31]

Um Knoten rankt sich so mancher Aberglaube. Seeleute schlangen bei Sturm zum Schutz einen Knoten in ihr Hemd. Glücksspieler taten dasselbe, weil es ihnen Glück im Spiel bringen sollte. Selbst heute knüpfen manche zum Schutz einen Knoten in ihre Küchenschürze. Mit Knoten fing man böse Geister. Daher kommen die Kragen geistlicher Gewänder, weil man glaubte, dass sich böse Geister in den

---

27 Bob Brier, *Ancient Egyptian Magic*, William Morrow and Company Inc., New York 1981. Dieses Buch enthält auch ein Foto von vier geschnitzten Holzknoten, die als Amulette verwendet wurden.

28 Udo Becker, Lexikon der Symbole, Komet 2005

29 Carol Andrews, *Amulets of Ancient Egypt*, British Museum Press 1994. Die Begräbnisstätten, an denen Acht-Knoten gefunden wurden, sind Khnumet, Sithathor, Sithathoriunet, Mereret und Senebtisy.

30 Jack Tresidder, *Symbole und ihre Bedeutung*, Droemer Knaur, München 2002.

31 Zolar, *Zolar's Encyclopedia of Omens, Signs and Superstitions*, Prentice Hall Press, New York 1989.

Halsbändern der Priester verstecken und den Gottesdienst stören könnten.[32]

Knoten haben in der Volksmagie schon immer eine Rolle gespielt. Die Menschen schlangen Knoten und dachten dabei an ihre Probleme. Wenn sie ihren Gedanken dabei bewusst Energie zuführten, zogen sie unbewusst die Lösung an, die sie suchten. Wenn also jemand ein Problem hatte, dann schlang er oder sie mehrere Knoten in ein Stück Schnur und dachte dabei an sein Anliegen. Die Knoten symbolisierten zugleich das Problem. Meist knüpfte man eine ungerade Anzahl Knoten. Anschließend rezitierte man magische Worte und löste dabei die Knoten wieder. Mit jedem Knoten, der gelöst wurde, verschwand auch ein Teil des Problems. Waren sie erst alle gelöst, war auch der Mensch sein Problem oder seine Schwierigkeiten los. Manchmal verbrannte man danach die Schnur, besonders, wenn das Problem sehr schwerwiegend war.

Aber Knotenmagie lässt sich zu viel mehr verwenden als nur zu solchen Kleinigkeiten, nämlich sogar dazu, eine noch engere Verbindung mit Gabriel aufzubauen. Zunächst einmal sollten Sie eine passende Kordel flechten. Dazu brauchen Sie drei einzelne Schnüre, eine goldfarbene, eine silberfarbene und eine weiße. Die goldene Schnur symbolisiert Gott und alles Männliche. Die silberne steht für die Göttin und alles Weibliche. Die weiße Schnur symbolisiert Sie selbst.

Im Idealfall sollten diese Schnüre aus Naturfasern bestehen, also aus Wolle oder Seide. Sie sollten knapp drei Meter lang sein. Flechten Sie diese Schnüre sorgfältig zu einem Zopf. Lassen Sie sich dabei Zeit. Symbolisch verbinden Sie damit sich selbst mit den männlichen (gold) und den weiblichen (silber) Aspekten der universellen Lebenskraft. Denken Sie beim Flechten daran. Versenken Sie sich in die enge, tiefe Verbindung, die dieses Flechten schafft. Denken Sie daran, wie wun-

32 Carol Porter, *Knock on Wood and Other Superstitions*, Bonanza Books, New York 1983.

derschön Ihr Leben wäre, wenn Sie ständig in dieser engen Verbindung mit Gott verweilen könnten. Bitten Sie Gabriel um seinen Segen für Ihr Tun. Wenn Sie die Kordel fertig geflochten haben, schlingen Sie um jedes Ende einen Knoten, damit der Zopf nicht wieder aufgeht.

Diese Kordel muss vor der ersten Verwendung geweiht werden. Das kann auf mehrere Weisen geschehen. Wenn Sie einen Altar haben, legen Sie sie in dessen Mitte und zünden Sie eine einzelne weiße Kerze an. Halten Sie die Kerze über die Kordel und sprechen Sie laut: „Möge das Licht dieser reinen Kerze dich reinigen." Beschreiben Sie mit der Kerze im Uhrzeigersinn drei Kreise um die Kordel, sagen Sie „Danke" und löschen Sie die Kerze. Sprechen Sie zum Schluss: „Diese Kordel weihe ich Gabriel." Jetzt ist die Kordel einsatzbereit. Statt der Kerze können Sie auch eine Handvoll Steinsalz verwenden, wenn Ihnen das lieber ist. Streuen Sie in diesem Fall das Salz über die Kordel, während Sie sprechen und mit der Hand die drei Kreise beschreiben. Bei einer weiteren Methode der Kordelweihe stehen Sie im Freien im direkten Sonnenlicht und halten die Kordel über Ihren ausgestreckten Armen. „Mögen die Strahlen der Sonne dich reinigen." Gehen Sie dreimal im Uhrzeigersinn im Kreis und sagen Sie „Danke". Warten Sie ein paar Sekunden und sagen Sie dann. „Ich widme dich Gabriel." Schlingen Sie sich die Kordel zum Schluss um die Taille.

Die fertige Kordel nennt man *Cingulum*. Sie kann bei jeder magischen oder spirituellen Arbeit getragen werden. Legen Sie Ihr *Cingulum* sorgsam zur Seite, wenn Sie mit ihm gearbeitet haben. Bewahren Sie es in einer besonderen Schachtel oder in einem Seidentuch auf. Behandeln Sie es mit Liebe und Achtung. Schieben Sie es nicht achtlos beiseite und lassen Sie es auch nicht einfach herumliegen.

DIE HEXENLEITER

Die Hexenleiter besteht aus mehreren Knoten, üblich sind neun, die ins Cingulum geknüpft werden, damit eine Art Rosenkranz entsteht. Bei Zaubersprüchen muss oft ein bestimmtes Wort so und so häufig wiederholt werden. Wenn Sie dabei die Finger über die Knoten gleiten lassen, dann können Sie dieses Wort mit der erforderlichen Häufigkeit wiederholen, ohne dabei in Gedanken mitzählen zu müssen.

Die Knoten werden in einer festgelegten Reihenfolge geschlungen. Dabei denkt man an sein Ziel und spricht ein paar Worte, während man Knoten um Knoten schlingt. Bis Sie sich die richtige Reihenfolge fest eingeprägt haben, legen Sie das Cingulum zum Schlingen der Knoten am besten vor sich auf einen Tisch oder den Altar. Sobald Ihnen die Reihenfolge der Knoten sicher vertraut ist, können Sie das Cingulum beim Schlingen einfach in Händen halten. Schlingen Sie zu Beginn einen Knoten ins linke Ende des Cingulums. Knüpfen Sie den zweiten Knoten ins rechte Ende. Jetzt hat Ihr Cingulum an jedem Ende einen Knoten. Machen Sie den dritten Knoten in die Mitte. Den vierten Knoten schlingt man in der Mitte der linken Kordelhälfte; er liegt dann auf einem Viertel der Gesamtlänge des Cingulums. Der fünfte Knoten wird auf der Hälfte der Strecke zwischen dem vierten Knoten und dem linken Ende des Cingulums geschlungen (also bei einem Achtel der Gesamtlänge von links aus gesehen). Jetzt gehen Sie zur anderen Hälfte des Cingulums und schlingen den sechsten Knoten auf halbem Wege zwischen der Mitte und dem rechten Ende des Cingulums. Von links betrachtet, liegt er nun bei drei Vierteln der Gesamtlänge Ihres Cingulums. Der siebte Knoten wird bei sieben Achtel der Gesamtlänge zwischen dem Knoten auf drei Viertel der Länge und dem rechten Ende des Cingulums geknüpft. Nun ergeben sich die Positionen der letzten beiden Knoten wie von selbst, denn es sind nur noch die

Stellen bei drei und fünf Achtel der Gesamtlänge auf beiden Seiten des mittleren Knotens frei. Schlingen Sie den achten Knoten bei drei Achtel und den letzten Knoten bei fünf Achtel der Gesamtlänge.

Anordnung und Reihenfolge der Knoten zeigt die folgende Grafik

X	X	X	X	X	X	X	X	X
X								X
X				X				X
X		X		X				X
X	X	X		X				X
X	X	X		X		X		X
X	X	X		X		X	X	X
X	X	X	X	X		X	X	X
X	X	X	X	X	X	X	X	X

Traditionell wird zu jedem Knoten ein Reim gesprochen. Jede Zeile beginnt mit „Bei Knoten“. Wenn Sie die Knotenmagie für eine engere Verbindung zu Gabriel verwenden möchten, können Sie beim Schlingen der Knoten jeweils die folgenden Worte sprechen:

Bei Knoten eins setzt mein Zauber ein.
Bei Knoten zwei kommt Gabriel herbei.
Bei Knoten drei so es sei.
Bei Knoten vier bleibt er immer hier.
Bei Knoten fünf wird die Liebe begründ’t.
Bei Knoten sechs geht er nimmer weg.
Bei Knoten sieben werd zum Himmel ich fliegen.
Bei Knoten acht trennt nicht Tag uns noch Nacht.
Bei Knoten neun sind wir vereint.

Wenn Sie alle Knoten geknüpft und den Zauberspruch gesprochen haben, wiederholen Sie den Spruch zur Verstärkung noch einmal und umfassen Sie dabei den jeweiligen Knoten. Sagen Sie zum Schluss: „Danke Gabriel."

Beim Knüpfen einer Hexenleiter können Sie Ihre gesamte Aufmerksamkeit und Energie auf das gewünschte Ergebnis lenken – in diesem Fall eine engere Kommunikation mit Gabriel. Es ist sicher gut, wenn Sie beim Schlingen eines jeden Knotens visualisieren, dass Sie ihn mit lebendiger Energie und Kraft aufladen. So werden die Knoten zu wahren Energiespeichern, die Sie ganz nach Bedarf nutzen können. Sie werden deutlich spüren, wie sich Ihr Cingulum verändert, sobald Sie es auf diese Weise aufgeladen haben.

Ihre Hexenleiter können Sie auf vielfältige Weise nutzen: Als Rosenkranz, um den Namen „Gabriel" neunmal zu wiederholen, während Ihre Finger über das Cingulum gleiten; oder Sie können Ihr Cingulum wie einen Gürtel tragen, entweder offen oder verdeckt unter der Kleidung, um so Gabriel immer bei sich zu haben; Sie können aber auch eine kleine Ecke in Ihrem Garten reinigen und das Cingulum dort begraben. Manche Leute bewahren ihre Hexenleiter lieber drinnen als draußen auf. Vergraben Sie es in diesem Fall in einem mit Erde gefüllten Keramiktopf. Stellen Sie dieses Gefäß auf Ihrem Altar oder an einem besonderen Ort auf, an dem er nicht verschoben wird, Sie ihn aber oft sehen können.

Ich bewahre mein Cingulum am liebsten in einer Schachtel auf, damit ich es immer zur Hand nehmen kann, wenn ich möchte. Ich kenne Menschen, die Ihr Cingulum in einer mit Erde oder Sand bedeckten Kiste verwahren. Ich habe eine Schachtel, die ich nur dafür verwende, und sie ist inzwischen deshalb bereits selbst stark mit Kraft und Energie aufgeladen.

Ein Vorteil dessen, dass ich mein Cingulum immer griffbereit halte, liegt darin, dass ich dann eine interessante Übung machen kann, bei der man eine Hexenleiter knüpft und dann die Knoten nacheinander wieder löst, um Energie für ein bestimmtes Ziel freizusetzen. Wichtig ist, dass die Knoten in derselben Reihenfolge wieder gelöst werden, in der sie geschlungen wurden. Der Knoten, der zuerst geschlungen wurde, ist auch der erste, den man wieder löst. Deshalb ist es sinnvoll, den ersten Knoten zu markieren, damit Sie nachher noch wissen, an welchem Ende Sie ihn geschlungen haben. Dies können Sie mit einem Filzstift machen, besser aber knüpfen Sie etwas in den Knoten hinein. Das kann eine Feder sein, ein Zweiglein oder ein kurzes Stück bunter Faden.

Nehmen wir einmal an, Sie denken über einen Berufswechsel nach und möchten dabei Gabriel um Führung bitten. In diesem Fall knüpfen Sie die Hexenleiter und denken dabei an Ihren Wunsch nach einem Berufswechsel. Wenn Sie die Hexenleiter vollendet haben, ist Ihr Cingulum stark mit Kraft und Energie aufgeladen. Diese Energie wird dann langsam ins Universum abgegeben, indem Sie neun Tage lang täglich einen Knoten lösen. Natürlich sollten Sie jeden Knoten langsam und konzentriert lösen und dabei an Ihr Ziel denken. Atmen Sie in dem Augenblick, in dem der Knoten gelöst ist, kräftig aus oder sagen Sie laut: „Gib frei!“ Jeder Knoten enthält Kraft, am wichtigsten aber ist der neunte Knoten, den Sie am letzten Tag lösen.

Ich löse die Knoten meist im Stehen statt im Sitzen. Doch selbst wenn Sie acht Tage lang sitzen, lösen Sie den letzten Knoten unbedingt im Stehen. Breiten Sie, sobald der Knoten gelöst ist, die Arme weit aus und rufen Sie, so laut Sie können: „Danke, Gabriel!“ Wenn Sie so weit sind, haben Sie wahrscheinlich bereits eine klare Vorstellung davon, was Sie im Hinblick auf Ihr Anliegen tun wollen. In unserem Beispiel kann das sein, dass Sie entweder beschlossen haben, doch in Ihrem alten Beruf zu bleiben, neue konkrete Vorstellungen haben, wohin Sie sich entwickeln möchten oder vielleicht sogar bereits eine neue Stelle gefunden haben. Ganz gleich wie das Ergebnis aussieht, es wird das Richtige für Sie sein, und da Sie Gabriel in den ganzen Entscheidungsfindungsprozess mit einbezogen haben, werden Sie das auch klar spüren.

Ich löse die Knoten gerne täglich zur selben Uhrzeit, aber machen Sie sich keine Gedanken, wenn Ihnen das nicht möglich ist. Wichtig an der Sache ist, dass Sie beim Lösen der Knoten konzentriert an Ihren Wunsch denken. Sie können diese Zeit auch dazu nutzen, mit Gabriel über Ihre Absichten im Zusammenhang mit diesem Ritual zu sprechen.

Wenn Sie die Knoten Ihrer Hexenleiter lösen, um Reinigung zu erfahren, gehen Sie anders vor. Das können Sie zum Beispiel tun, wenn Sie sich nur langsam von einer Krankheit erholen und die Gifte loswerden möchten, die immer noch in Ihrem Körper stecken. Vielleicht hegen Sie negative Gedanken gegenüber sich selbst oder anderen. Oder Sie fühlen sich unrein, weil Ihnen etwas Schreckliches widerfahren ist.

In solchen Fällen müssen Sie eine neue Hexenleiter anfertigen, weil sie nämlich am Ende des Rituals vernichtet wird. Sie brauchen dazu lediglich ein Stück Schnur oder ein weiches Seil. Knüpfen Sie eine normale Hexenleiter und denken Sie dabei an Ihr Bedürfnis nach Reinigung. Vergraben Sie diese Leiter in der Erde und lassen Sie sie mindestens vierundzwanzig Stunden lang ruhen, bevor Sie den ersten Knoten lösen. Sprechen Sie jeden Tag beim Lösen des Knotens: „Gabriel, reinige mich an Geist, Körper und Seele. Heile mich." Schon beim Lösen des ersten Knotens werden Sie ein Gefühl der Erleichterung und Befreiung verspüren, und dieses Gefühl wird sich täglich verstärken. Beim letzten Knoten ist das Gefühl der Befreiung wahrscheinlich sehr tiefgehend, zuweilen sogar dramatisch. Halten Sie Ihre Gefühle beim Lösen der Knoten nicht zurück. Ihre Gefühle auf diese Weise loszulassen, intensiviert das ganze Geschehen. Danken Sie Gabriel für seine Hilfe bei der Reinigung und Heilung Ihrer Seele. Verbrennen Sie zum Schluss das Seil. Danach werden Sie wahrscheinlich ein Gefühl tiefen Friedens und Glücks verspüren.

Diesen Vorgang können Sie so oft wie nötig wiederholen. Meist genügt ein einziger Zyklus von neun Tagen, in extremen Fällen aber muss er mehrfach wiederholt werden. Eine meiner Kursteilnehmerinnen, die als Kind sexuell missbraucht worden war, führte dieses Ritual sieben Mal nacheinander aus, bevor sie sich wieder rein und unversehrt fühlte.

DER GABRIELSKNOTEN

Der Gabrielsknoten ist ein einzelner Knoten, der in ein Stück weiße oder dunkelblaue Kordel geschlungen wird. Diesen Knoten können Sie tragen oder ständig bei sich führen, um sich zu vergewissern, dass Gabriels Energie immer bei Ihnen ist. Der Knoten wird buchstäblich zum Berührungspunkt zwischen Ihnen und Gabriel. Wenn Sie ihn bei sich haben, können Sie ihn immer dann berühren oder in die Hand nehmen, wenn Sie Gabriels Führung, Unterstützung oder Inspiration benötigen.

Suchen Sie sich ein hübsches Stück Kordel oder Schnur von etwa 30 cm Länge aus. Setzen Sie sich hin und halten Sie die Schnur in der rechten Handfläche. Legen Sie die rechte Hand mit der Handfläche nach oben in die linke und nehmen Sie dabei mit Gabriel Kontakt auf. Sobald Gabriel da ist, sagen Sie ihm, was Sie mit der Schnur vorhaben. Sagen Sie ihm, dass Sie einen verbindenden Knoten erfüllt mit seiner Energie schlingen und diesen dann immer mit sich führen wollen, um zu erreichen, was Sie sich wünschen. Bitten Sie ihn dafür um Erlaubnis. Meiner Erfahrung nach wird er sie Ihnen stets gewähren, aber Sie sollten immer fragen und nicht einfach stillschweigend davon ausgehen, dass er einverstanden ist.

Wenn er seine Erlaubnis gegeben hat, schließen Sie die rechte Hand zur Faust, so dass die Schnur teilweise oder ganz umschlossen ist. Schließen Sie die Augen und visualisieren Sie reines weißes Licht, das Sie vollständig umgibt. Stellen Sie sich nun vor, dass

Gabriel inmitten dieses weißen Lichtes steht und Sie und die Schnur mit seiner göttlichen Energie erfüllt. Halten Sie dieses Bild so lange Sie können geistig fest. Wenn es allmählich verblasst, danken Sie Gabriel, öffnen Sie die Augen und schlingen Sie in der Mitte der Schnur einen einzelnen Knoten. Die Enden der Schnur können Sie auf Wunsch auch zurechtschneiden; denn die Energie ist ja im Knoten. Befestigen Sie den Knoten an Ihrer Kleidung oder tragen Sie ihn bei sich. Berühren oder streicheln Sie den Knoten immer dann, wenn Sie das Bedürfnis nach Gabriels schützender Energie verspüren.

DIE GABRIELSTASCHE

Gabrielstaschen sind eine interessante und ungewöhnliche, aber effektive Methode, sich mit Gabriels Energie das Leben ein wenig schöner zu machen. Verwenden Sie dazu eine kleine Baumwoll- oder Seidentasche, die nicht größer als 12 x 12 cm sein sollte. Stecken Sie in diese Tasche beliebige kleine Gegenstände, die für Sie Gabriel symbolisieren, am besten weiße oder indigofarbene Dinge, denn dies sind Gabriels Farben. Sehr gut eignen sich Edelsteine; sie können außerdem Ihre Kommunikation mit Gabriel verbessern. Blauer Calcit, Iolith (Cordierit), Lapislazuli und Tansanit passen allesamt gut zu Gabriels Energien. Sie können Gabriel auch einen kurzen Brief schreiben und diesen in die Tasche stecken. Eine meiner Kursteilnehmerinnen schnitt ein Herz aus Karton und schrieb Gabriels Namen darauf. Es spielt keine Rolle, welchen oder welche Gegenstände Sie wählen, solange sie nur etwas mit Gabriel zu tun haben.

Jetzt müssen Sie die Tasche zuschnüren – und hier kommen wir wieder zur Knotenmagie. Sie können eine farbige Kordel drehen und daraus eine Art Mini-Cingulum herstellen. Stattdessen können Sie aber auch einfach ein Stück weiße oder indigofarbene Kordel verwenden. Wickeln Sie die Kordel von der Mitte aus dreimal um den oberen Taschenrand und knüpfen Sie dann drei Knoten. Wiederholen Sie das noch zweimal, so dass am Ende neun Knoten die Tasche verschließen.

Zum Schluss bitten Sie Gabriel, die Tasche zu segnen. Nehmen Sie die Tasche in die rechte Hand und legen Sie diese mit dem Handrücken nach unten in die linke Handfläche. Setzen Sie sich bequem hin und bitten Sie Gabriel, zu Ihnen zu kommen. Wenn er kommt, danken Sie ihm für seine Liebe und Hingabe und bitten Sie ihn dann um seinen Segen für Ihre Gabrielstasche. Sagen Sie ihm, dass Sie sie bei sich tragen wollen, um seine Energien immer bei sich zu haben. Sobald Sie seinen Segen spüren, danken Sie ihm und halten Sie dann die Tasche in Ihren zur Schale geformten Händen. Spüren Sie, wie Ihre persönliche Energie aus Ihren Händen in die Tasche fließt und sich dort mit der vermischt, die Gabriel bereits hineingegeben hat.

Die Tasche kann jetzt als Schutzamulett verwendet werden. Immer wenn Sie Führung, eine Vision, Inspiration oder Reinigung suchen, legen Sie die Tasche auf Ihre zur Schale geformten Hände und spüren Sie, wie die Energie daraus in jeden Teil Ihres Körpers strömt.

Viele Menschen versehen ihre Tasche zusätzlich mit einem Duft. Meist wird einem die Tasche dadurch noch lieber. Als kleine Dreingabe kann der richtige Duft die Verbindung zwischen Gabriel und Ihnen sowie Ihrer Tasche noch enger werden lassen. Das ist Thema des nächsten Kapitels.

6

GABRIEL, AROMEN UND DÜFTE

Im Laufe der Geschichte haben Priester, Apotheker und Magier zu verschiedenen Zwecken Essenzen erschaffen. Im 2. Buch Mose unterweist Gott Moses in der Herstellung von Salböl und Räucherwerk, das zum Lobpreis Gottes verwendet wird (2. Mose 30, 23-28). Im selben Kapitel wird Aaron angewiesen, jeden Morgen als Opfergabe an Gott wohlriechendes Räucherwerk abzubrennen (2. Mose 30, 7-9). In der Offenbarung des Johannes zündet ein Engel Räucherwerk an, bevor die Posaunen erklingen.

Auch die alten Ägypter wussten bereits, dass Parfums und Räucherwerk Bewusstseinsaspekte ansprechen können, die anders nicht zu erreichen sind. Der Gott Ra, so glaubte man, zöge mit dem wohlriechenden Duft des Räucherwerks die Seelen in die Götterhallen der Amenti. Die Herstellung des Räucherwerks war selbst bereits ein Ritual. Sie erfolgte im Tempel, und es wurde dabei aus heiligen Schriften vorgelesen.

Ägyptische Ärzte verwendeten Räucherwerk, um damit die Zimmer ihrer Patienten auszuräuchern und zu reinigen. Offensichtlich war der Duft von Räucherwerk im Grab des Tutanchamun auch dreitausend Jahre nach der Herstellung noch wahrnehmbar.[33] Man nimmt an, dass Kleopatra ihre Kenntnisse von Räucherwerk, Parfums und Ölen darauf verwendete, ihre Liebhaber zu verzaubern.

---

33 Zolar, *Dreams, Lucky Numbers, Omens, Oils and Incense*, Arco Publishing Company Inc., New York 1970.

Dazu tränkte sie ihre Gewänder in einem Duft, dem ihre Liebhaber nicht widerstehen konnten.[34]

In Indien stellen Hindus Räucherwerk aus wohlriechenden Hölzern her. Außerdem opfern sie den Göttern parfümiertes Wasser. In Tibet geben die Menschen Räucherwerk in ihre Amulettdöschen, um negative Geister abzuwehren. Die Chinesen verwenden bis heute bei zeremoniellen Anlässen regelmäßig Räucherstäbchen.

Engel haben häufig einen charakteristischen zarten Duft. Viele Menschen berichten, sie hätten, kurz bevor ihnen ein Engel erschienen sei, einen wunderbaren Duft wahrgenommen, der nicht von dieser Welt schien. Dieser Duft blieb oft noch bis zu einer Stunde nachdem der Engel wieder gegangen war oder länger im Raum.

Daher werden den Göttern seit Alters her Duftsäckchen, Potpourris, besondere Öle und Parfums dargebracht, außerdem sind sie eine äußerst wirkungsvolle Methode, Engel herbeizurufen. Darüber hinaus steigern die besonderen Aromen unsere Empfänglichkeit und verhelfen uns zu einer deutlicheren Wahrnehmung der Engel.

Zwar ist unser Geruchssinn nicht so ausgeprägt wie der anderer Tiere, aber dafür haben wir ein höher entwickeltes Gehirn, das Düfte exakt und akkurat verarbeiten kann. Wenngleich nicht bewusst, so kann der Mensch doch Gefühls- und Gesundheitszustand sowie den Grad des Wohlbefindens und der Sinnlichkeit eines anderen riechen.[35]

RÄUCHERWERK

Räucherwerk ist schon seit Jahrtausenden im Gebrauch. Zur Verstärkung des spirituellen Erlebens experimentierte man mit allen möglichen Materialien. Heute werden die meisten Räucherungen

34 Michael Howard, *Incense and Candle Burning*, The Aquarian Press, London 1991.

35 Keith Foster, *Perfume, Astrology and You*, Sagax Publishing, Greenford 1997.

aus Kräutern hergestellt. Man kann Räucherwerk lose kaufen, aber in Form von Stäbchen oder Kegeln ist es bequemer, sicherer und einfacher zu handhaben.

Wer möchte, kann Räucherwerk auch selber herstellen; Anleitungen dazu gibt es in zahlreichen Büchern.[36] Wenn Sie Ihr Räucherwerk, Duftöl oder Parfum selber machen, hat das unter anderem den Vorteil, dass Sie Ihre Gefühle und Wünsche in jeden Herstellungsschritt mit einbinden können. Arbeiten Sie stets in gut durchlüfteten Räumen und lassen Sie äußerste Vorsicht walten. Lesen Sie die Anleitungen sorgfältig. Viele Menschen bekommen nach der Arbeit mit Düften Kopfschmerzen. Legen Sie deshalb häufig Pausen an der frischen Luft ein und atmen Sie dabei tief durch.

Wenn Sie Räucherwerk lieber kaufen statt es selber herzustellen, werden Sie in Bioläden, Esoterik-Geschäften, Asienshops und häufig auch in Buchhandlungen fündig.

Jeden Duft, der Ihnen gefällt, können Sie dazu verwenden, mit Gabriel Kontakt aufzunehmen oder ein beliebiges Ritual zwischen Ihnen und Gabriel zu intensivieren. Es gibt jedoch viele Duftrichtungen, die in besonders enger Verbindung zu Gabriel stehen, und wenn Sie nicht gerade einen ausgesprochenen Lieblingsduft haben, sollten Sie diese verwenden.

Die Wahl des Duftes richtet sich nach dem Zweck, zu dem Sie mit Gabriel Kontakt aufnehmen.

Wenn Sie um Führung bitten wollen, verwenden Sie Akazie, Ambrette (Moschuskörner), Champaca, Farn, Flieder, Ingwer, Lilie, Neroli, Patchouli, Rose, Salbei, Tolubalsam, Weißdorn und Wicke.

Geht es um Reinigung, verwenden Sie Ambrette (Moschuskörner), Goldlack, Iris, Kalmus, Minze, Myrte, Resedagras, Thymian und Wintergrün (Gaultheria).

---

36 Unter anderem: Scott Cunningham, *Das große Buch von Weihrauch, Aromaölen und magischen Rezepturen*, Goldmann, München 2001.

Wenn es um Hilfe beim Beseitigen von Zweifeln und Ängsten geht, verwenden Sie Ambrette (Moschuskörner), Bergamotte, Citronella, Engelwurz (Angelica), Gartennelke, Limette, Melisse, Mimose, Muskatellersalbei, Myrte, Oregano, Piment und Zitronenmelisse. Inneren Frieden fördern Aloe, Gardenie, Kamille, Lavendel, Myrte und Veilchen.

Möchten Sie Ihre innere Schau verbessern und die Gabe der Prophetie oder Erkenntnisfähigkeit entwickeln, so verwenden Sie Akazie, Alpenveilchen, Heliotrop (Wandelröschen), Jonquille, Lilie, Neroli, Tolubalsam, Tuberose und Weinraute.

Wenn Sie vorrangig Ihre medialen Kräfte fördern möchten, verwenden Sie Augentrost, Eiche, Haselnuss, Lavendel, Lorbeer, Maiglöckchen, Muskat, Rose, Schafgarbe, Thymian, Wermut, Ysop und Zimt.

Wenn Sie Schutz suchen, verwenden Sie Aloe, Alraune, Anis, Balsamtanne, Basilikum, Drachenblut, Eberesche, Efeu, Gewürznelke, Immergrün, Johanniskraut, Kamille, Knoblauch, Kümmel, Mädesüß, Majoran, Mistel, Rosmarin, Salbei, Sandelholz, Weißdorn, Wermut, Ysop, Zaubernuss (Hamamelis) und Zwiebel.

Astrologisch betrachtet, steht der Mond unter Gabriels Herrschaft. Folgende Düfte sind dem Mond zugeordnet: Jasmin, Kampfer, Madonnenlilie, Mohn, Narzisse, Patchouli und Winde. Mit Ausnahme von Mohn (einem Narkotikum), machen diese Kräuter schläfrig, was ihre Zuordnung zum Mond erklärt, dem Planeten der Träume und der Intuition.

AROMA-ÖLE

Aroma-Öle sind Düfte, die aus Pflanzen hergestellt werden. In manchen Fällen kann eine einzelne Pflanze mehrere Öle liefern. Neroli zum Beispiel stammt aus den Blüten des Orangenbaums, Petitgrain aus seinen Blättern und Orangen-Öl aus der Fruchtschale.

Wie bei so Vielem, bestimmt auch hier die Qualität den Preis. Zwar sind auch synthetische Aroma-Öle erhältlich, doch sie haben nicht die positive Wirkung der natürlichen ätherischen Öle. Wenn man bedenkt, dass für einen einzigen Tropfen Rosenöl bis zu vierzig Rosen erforderlich sind, dann versteht man, warum ätherisches Rosen-Öl so teuer ist. Achten Sie auf gute Qualität und kaufen Sie Öle, die zum Schutz und zum Erhalt der wertvollen Inhaltsstoffe in dunkle Glasfläschchen abgefüllt sind und ein Verfallsdatum auf dem Etikett tragen.

Ätherische Öle sind vielseitig verwendbar. Ich gebe gerne ein paar Tropfen in eine Schale mit kochendheißem Wasser auf meinem Altar. Natürlich muss diese Schale so stehen, dass sie nicht versehentlich umgestoßen werden kann. Am besten verwendet man eine Duftlampe. Geben Sie etwas Wasser ins Schälchen der Lampe und träufeln Sie wenige Tropfen Öl darauf, bevor Sie das Teelicht anzünden. Der Duft ist zunächst kaum wahrnehmbar, aber nach und nach erfüllt er den ganzen Raum.

Sehr wirkungsvoll ist auch, wenn Sie ein paar Tropfen ätherisches Öl auf Kissen geben, die sich an Ihrem heiligen Platz befinden. Träufeln Sie vor dem Schlafengehen ein paar Tropfen ätherisches Öl auf Ihr Kopfkissen; dies wirkt wie eine Aufforderung an Gabriel, im Traum zu Ihnen zu kommen.

Ein paar Tropfen ätherisches Öl auf einem Räucherstäbchen verleihen jedem Ritual zusätzliche Kraft.

Es gibt eine riesige Anzahl ätherischer Öle. Oft werden sie unterstützend bei der Heilung körperlicher Beschwerden eingesetzt. Die Wirkung, die sie auf unsere emotionale und spirituelle Seite haben, ist jedoch weit wichtiger, denn sie können uns helfen, mit den Engeln Kontakt aufzunehmen sowie die emotionalen Ursachen hinter vielen körperlichen Beschwerden zu behandeln.

Zum ersten Mal hörte ich von der unglaublichen Kraft der ätherischen Öle, als ein Mitglied eines Clubs, dem ich angehörte, anfing, mit ihnen zu arbeiten. Bei jedem Treffen verwendete sie ein anderes Öl, ohne uns jedoch vorher zu sagen, welche Wirkung es entfalten würde. Ohne Ausnahme stand die gesamte Stimmung des Treffens jeweils unter dem Einfluss des Öls, das sie ausgesucht hatte. Verwendete sie zum Beispiel Jasmin, dann ging es bei dem Treffen sehr lebendig und lustig zu. Verwendete sie hingegen Sandelholz, dann waren wir ruhiger und eher besinnlich gestimmt.

Es gibt mehrere Öle, die die Kontaktaufnahme mit Gabriel fördern. Lavendel ist eine gute Wahl, wenn es Ihnen um Reinigung geht. Es ist ein stärkendes Öl, das Zweifel und Ängste vertreiben kann und einen Neuanfang ermöglicht. Kiefer stärkt das Selbstwertgefühl und ist ebenfalls eine gute Wahl, wenn Sie sich Reinigung wünschen. Kamille macht es uns leichter, die Vergangenheit loszulassen, damit wir wieder nach vorne schauen können. Patchouli sorgt für Ausgeglichenheit, Harmonie und Wohlbefinden. Wenn Sie innerlich und äußerlich vollkommen ausgeglichen sind, können Sie alles erreichen, was Sie sich vorgenommen haben. Wenn Sie sich Führung von Gabriel wünschen, versuchen Sie es mit schwarzem Pfeffer. Er fördert den Blick fürs Wesentliche und lässt einen die richtige Richtung finden. Pfefferminze ist eine gute Wahl, wenn es Ihnen um Hilfe im Hinblick auf Ihre innere Schau und Inspiration geht. Rosenholz fördert unsere mediale, intuitive Seite. Sandelholz schützt vor der Negativität anderer. Weihrauch bietet ebenfalls Schutz und unterstützt die Konzentration auf ein Ziel. Es fördert das Wachstum an Wissen und Weisheit. Teebaum-Öl hilft dabei, dass wir uns so annehmen können, wie wir sind und lässt uns die Beweggründe anderer besser verstehen. Ylang Ylang verbreitet Frieden, Gelassenheit und Ruhe. Es eliminiert negative Gefühle und stärkt die weibliche Seite in uns.

POTPOURRI

Unsere Großeltern verwendeten Potpourris häufig als Lufterfrischer und –verbesserer. Es gibt spezielle Potpourri-Dosen mit vielen kleinen Löchern im Deckel, durch die der Duft entweichen kann. Im Grunde benötigen Sie aber lediglich eine offene Schale aus Keramik oder Ton. Mischen Sie die Kräuter, die Sie mögen, geben Sie sie in die Schale und erleben Sie, wie der Duft nahezu unmerklich die ganze Raumatmosphäre verändert.

DUFTSÄCKCHEN

Ein Duftsäckchen ist ein mit Kräutern oder anderen duftenden Dingen gefülltes Stoffbeutelchen. In gewissem Sinne ist es ein geschlossenes, tragbares Potpourri. Meist verwendet man es im Kleiderschrank zum Beduften der Wäsche. Duftsäckchen können Sie aber auch benutzen, um die Energie Ihres magischen Werkzeugs zu verstärken, wenn Sie welches besitzen. Außerdem können Sie sie in der Tasche oder um den Hals tragen sowie ins Kopfkissen stecken. Mit einem Duftsäckchen im Auto haben Sie seine positive Wirkung überall dabei. Eine Gabrielstasche ist eine Abwandlung des Duftsäckchens.

Ein Duftsäckchen kann man aus beliebigem Stoff herstellen. Musselin eignet sich besonders gut. Das Säckchen sollte so groß sein, dass mehrere Teelöffel Kräuter hineinpassen. Verwenden Sie aromatische Kräuter, die Sie mögen. Schlagen Sie zur Auswahl entweder in Büchern nach, welche Kräuter am besten zu Ihrem persönlichen Ziel passen, oder lassen Sie Ihre Intuition entscheiden. Eisenkraut ist für alle spirituellen oder magischen Zwecke eine gute Wahl.

Duftsäckchen sollten oft ersetzt werden. Etwa einmal im Jahr ist gut, wenn sie zur Reinigung oder Weihe von Kleidung, Ritualgegenständen oder einem heiligen Platz verwendet werden. Tragen Sie das Säckchen jedoch immer bei sich, sollten Sie es etwa alle drei bis vier Monate ersetzen.

BÄDER

Mit Kräuterbädern macht man sich die Eigenschaften der Kräuter auf sehr angenehme Weise zunutze. Ein Kräuterbad kann Schutz geben, die Intuition fördern und dafür sorgen, dass wir das, was wir uns wünschen, leichter anziehen. Für ein Badesäckchen mischt man einfach die gewünschten Kräuter, legt sie auf ein Käse- oder Geschirrtuch und bindet die Ecken dann zu einem Säckchen zusammen. Geben Sie dieses Säckchen ins Badewasser und lassen Sie es ziehen, bis das Wasser angenehm duftet.

Auch Badesalz ist eine gute Möglichkeit, einen schönen Duft zu genießen. Zwar kann man Badesalze durchaus selber herstellen, ich kaufe sie aber lieber und suche mir einen Duft aus, der im Augenblick meinen Bedürfnissen entspricht. Ein rituelles Bad ist eine gute Übung vor jedem Ritual, und die Verwendung des richtigen Badesalzes stimmt uns spirituell und intuitiv bereits ein, noch bevor das eigentliche Ritual beginnt. Es ist nicht immer unbedingt erforderlich, vorher zu baden, aber ein Bad bringt uns leichter in die richtige Geisteshaltung für das Gelingen des Rituals. Entspannen Sie sich im Bad und denken Sie dabei an Ihr Ziel und das gewünschte Ergebnis.

SEIFEN

Angenehm duftende Seifen können ein nützlicher Begleiter jeglicher magischen Arbeit sein. Ich kaufe gute handgefertigte Seifen in einem kleinen Laden um die Ecke, aber man kann jede Seife der gewünschten Duftrichtung verwenden. Seifen spenden natürlich viel mehr als nur einen angenehmen Duft, und für die Reinigungsarbeit lässt sich kaum etwas Besseres denken.

POMANDER

Pomander waren ursprünglich kleine Gefäße aus Porzellan oder Metall, in die man Kräuter tat. Man trug sie um den Hals oder am Gürtel. Die Trägerin oder der Träger sollte so von Infektionen und unangenehmen Gerüchen verschont bleiben. Heute sieht man Pomander im klassischen Sinne kaum noch. Hin und wieder aber begegnet einem ein „Volkspomander", nämlich eine getrocknete, mit Nelken gespickte Orange. Sie gibt einen würzigen Duft ab, der die Luft im Raum erfrischt und Motten vertreibt.

Solche Pomander sind ganz leicht herzustellen. Sie brauchen dazu lediglich eine reife Orange mittlerer Größe und einige ganze Nelken. Spicken Sie die Orange mit so vielen Nelken, dass sie ganz damit bedeckt ist und lassen Sie sie dann an einem warmen, luftigen Ort trocknen. Nach etwa zwei Wochen ist der Pomander gebrauchsfertig.

Sie können nun ein Band um Ihren Pomander schlingen oder ihn in ein Netz geben und aufhängen, wo Sie möchten. Die Mischung aus Orangen und Nelken symbolisiert Tag und Nacht, was bedeutet, dass ein solcher Pomander Sie vierundzwanzig Stunden am Tag beschützt.

BLUMEN

Auch der zarte Duft frischer Blumen soll hier nicht vergessen werden. Frische Schnittblumen verschönern jeden Raum. Sobald sie aber welken, sollten sie entfernt werden.

Weiße Blumen haben einen besonders starken Bezug zu Gabriel. Ein ganz zauberhaftes Beispiel ist das Salomonssiegel, eine kleine Pflanze mit hübschen weißen, wachsartigen Blüten. Ich mag am liebsten weiße Blüten, die ihren Duft in der Nacht abgeben. Abendlevkojen, Margeriten und weiße Narzissen sind gute Beispiele dafür.

Weiße Blumen können Ihnen auch einen ganzen Monat lang Glück bringen. Dazu brauchen Sie lediglich weiße Blumen in eine Kristall- oder Glasvase zu geben und sie an ein Fenster zu stellen, an dem das Mondlicht sie streicheln kann. Die Blumen nehmen die Mondenergien auf und bringen Ihnen Glück.

Die Lilie gilt traditionell als Gabriels Symbol, und auf vielen mittelalterlichen Gemälden sieht man Gabriel mit einer Lilie in der Hand. Dies wahrscheinlich deshalb, weil weiße Lilien vom Mond regiert werden. Lilien anzupflanzen oder sie im Haus zu haben, ist eine schöne Möglichkeit, Gabriel und alles, was er für uns tut, zu ehren. Grüßen Sie Ihre Lilien immer mit einem Lächeln, wenn Sie sie sehen – als Zeichen der Liebe und der Achtung.

Düfte können zum Selbstzweck und als Bestandteil eines Rituals eingesetzt werden. Der Geruchssinn gehört zu unseren stärksten Sinnen, und ein bestimmter Geruch kann sofort Erinnerungen an Situationen wecken, in denen wir ihn schon einmal gerochen haben. Räucherwerk und andere Düfte werden schon seit Urzeiten zur Kontaktaufnahme mit Engeln verwendet. Probieren Sie es selber aus und erleben Sie, wie sie Ihnen zu einer engeren Verbindung mit Gabriel verhelfen können.

7

GABRIEL UND WASSER

Wasser gehört zu den grundlegendsten Lebensnotwendigkeiten, und Orte, an denen Wasser zutage tritt, galten seit jeher als heilig. Die alten Völker glaubten, dass jeder Ort, an dem Wasser entspringt, ein Fluss fließt, sich ein Wasserfall ergießt oder Seen liegen, von göttlichen Geistern bewohnt ist. Sie brachten Gebete und Opfer dar, um die Wassergötter freundlich zu stimmen, in der Hoffnung auf Glück und um Katastrophen wie Überflutungen oder das Austrocknen der Wasserquelle zu verhindern.

Der zweite Vers der Bibel enthält eine bemerkenswert anschauliche Beschreibung: „... und der Geist Gottes schwebte auf dem Antlitz der Wasser."[37] In fließenden Gewässern kann man sich leicht ein Gesicht vorstellen. Ebenso unschwer gelingt die Vorstellung, dass Gottes Antlitz sich in der Wasseroberfläche spiegelt.

Die alten Weisen glaubten, dass die Erde entstand, als die Elemente Feuer, Erde, Luft und Wasser zusammenkamen, um Ordnung aus dem Chaos zu schaffen. Diese vier Elemente sind in allem enthalten und existieren in den geistigen Welten ganz genauso wie in unserer normalen Alltagswelt. In der unsichtbaren Welt ergeben die vier Elemente zusammen den Geist, die Lebenskraft in allem Lebendigen. Weil die göttliche Energie aus den vier Elementen

---

37 In der Lutherbibel in der revidierten Fassung von 1984 heißt es lediglich: „... und der Geist Gottes schwebte über dem Wasser." Deshalb habe ich hier das Bibelzitat des Autors übersetzt, d. Ü.

besteht, können wir die Elemente nutzen, um zu uns zu bringen, was immer wir uns wünschen.

Der erste, der nachweislich die Vorstellung von den vier Elementen lehrte, war der Sizilianer Empedokles, der um 475 v. Chr. lebte. Aber diese Vorstellung ist wesentlich älter als Empedokles und spielt in der Magie der Assyrer, Ägypter, Griechen, Hebräer und Perser eine wichtige Rolle. Aristoteles (384-322 v. Chr.) führte die vier Elemente im Westen ein, und im Laufe der letzten zweitausend Jahre kam ihnen in vielen Traditionen eine große Bedeutung zu.

Mit der Zeit entstanden zu jedem Element verschiedene Zuordnungen. Im Folgenden finden Sie eine Liste der bekannteren:

Feuer

Ebene:	geistig
Sternzeichen:	Widder, Löwe, Schütze
Metall:	Gold
Himmelsrichtung:	Süden
Farbe:	Rot (alternativ Orange)
Jahreszeit:	Sommer
Edelstein:	Feueropal
Duft:	Olibanum
Geschlecht:	maskulin
Engel:	Michael

Erde

Ebene:	physisch
Sternzeichen:	Stier, Jungfrau, Steinbock
Metall:	Blei
Himmelsrichtung:	Norden
Farbe:	Grün (alternativ Schwarz)
Jahreszeit:	Winter
Edelstein:	Bergkristall

Duft:	Styrax
Geschlecht:	feminin
Engel:	Uriel

Luft

Ebene:	mental
Sternzeichen:	Zwillinge, Waage, Wassermann
Metall:	Quecksilber
Himmelsrichtung:	Osten
Farbe:	Gelb (alternativ Blau, Weiß)
Jahreszeit:	Frühling
Edelstein:	Topas, Chalcedon
Duft:	Galbanum
Geschlecht:	maskulin
Engel:	Raphael

Wasser

Ebene:	emotional
Sternzeichen:	Krebs, Skorpion, Fische
Metall:	Silber
Himmelsrichtung:	Westen
Farbe:	Blau (alternativ Silber, Weiß)
Jahreszeit:	Herbst
Edelstein:	Aquamarin, Beryll
Duft:	Myrrhe
Geschlecht:	feminin
Engel:	Gabriel

Noch viele weitere Assoziationen sind möglich, von Evangelisten über Elementargeister bis zu Göttern und Göttinnen.

Wie Sie sehen, ist Gabriel dem Wasser verbunden. Daher können wir das Element Wasser nutzen, um eine größere Nähe zu Gabriel herzustellen sowie Botschaften und Inspiration von ihm zu erhalten. Wasser ist in vielen Formen verfügbar. Wenn Sie in Meeresnähe wohnen, ist Wasser für Sie wahrscheinlich etwas ganz Selbstverständliches. Wer aber zum Beispiel irgendwo tief im Landesinneren lebt, den kann die Vorstellung von einem Aufenthalt am Meer durchaus in Begeisterung versetzen. Gleich wo Sie leben, Wasser gibt es natürlich immer. Es kann das Meer sein, ein See, ein Strom, ein Fluss oder vielleicht auch nur ein kleiner Bach. Zur Kommunikation mit Gabriel eignen sie sich alle.

DER BLICK IN DIE ZUKUNFT

Bei diesem Stichwort denken die meisten immer noch an die Kristallkugel. Tatsächlich aber ist Wahrsagen mit Wasser viel älter. Joseph sagt in der Bibel: „Ist das nicht der (silberne Becher), aus dem mein Herr trinkt und aus dem er wahrsagt?" (1. Mose 44, 5) Die Kylikomantie oder Becherweissagung, bei der aus einer mit Flüssigkeit gefüllten Schale (oder einem Becher) geweissagt wird, ist von Alters her eine der häufigsten Wahrsagemethoden im Osten.[38]

Man weiß heute nicht mehr, woher diese Form des Wahrsagens stammt. Die alten Historiker, wie Verro, Strabo und Purchas, hielten Persien für den wahrscheinlichsten Ursprungsort. Wahrsagebecher werden sowohl im Rubaiyyat von Omar Chajjam als auch im Sahnama-Epos (dem „persischen Königsbuch") des Firdausi erwähnt. Abolgassem Firdausi (ca. 935-1020 n. Chr.) war Dichter und Landbesitzer und schrieb dieses epische Gedicht, um damit seiner Tochter eine Mitgift zu ermöglichen. Leider aber gewährte ihm der

38 Theodore Besterman, *Crystal-Gazing*, University Books Inc., New Hyde Park 1965 (Erstveröffentlichung bei William Rider and Son Limited, London 1924.)

Sultan dafür nur einen Hungerlohn. Später bereute der Sultan dies und sandte dem Dichter Indigo im Wert von sechzigtausend Dinar. Aber der Lohn kam zu spät. Der Dichter war tot. Das Geschenk traf just zu seiner Beerdigung ein.

In diesem Epos schrieb er:

Dann werde nach dem Kelch ich rufen,
dem Spiegel aller Welt und vor Gottes Antlitz stehn.
In diesem Kelch werd die sieben Gefilde der Welt ich sehn,
Berg und Tal und alle Provinzen,
werde Ehrerbietung meinen Ahnen zollen,
meinen erwählten Herren, reich an Land
und dann erkennen, wo dein Sohn ist.
Alles zeigt mir der Kelch.[39]

Damaskios (ca. 458-540 n. Chr.), der letzte Neuplatoniker an der Griechischen Akademie in Athen, schrieb über eine heilige Frau, die aus einem mit reinem Wasser gefüllten Glas weissagte.[40] Zwar schrieb Damaskios, dass er dies nicht selbst beobachtet habe, aber es gibt weitere zeitgenössische Berichte, die dieses Verfahren anschaulich schildern. Ein Glas oder mehrere Gläser wurden mit reinem Wasser gefüllt und dann brennende Fackeln darum herum aufgestellt. Danach stellte man die Frage, über die geweissagt werden sollte. Sodann bat man einen kleinen unschuldigen Jungen oder eine hochschwangere Frau, auf mögliche Veränderungen in den Gläsern zu achten und dabei die

39 Abolgassem Firdausi, *The Sáhnáma of Firdausi,* translated by A. G. Warner and E. Warner , T. Werner Laurie, London 1905. Deutsch nach der hier zitierten englischen Übersetzung durch die Übersetzerin. Auf Deutsch erhältlich: Firdausi, *Rostam, Die Legenden aus dem Sahname*, Reclam 2002.

40 Damascius, *Vita Isidori*, hrsg. Von R. Asmus, Leipzig 1911.

Gläser um eine Antwort auf die Frage zu bitten. Die Spiegelungen in den Gläsern enthielten gewöhnlich diese Antwort.[41]

In Griechenland gab es außerdem mehrere Orakel-Quellen. Pausanius erwähnt drei, die zur Weissagung benutzt wurden. Thyrxeus, das Orakel des Apollon, offenbarte im Wasser die Antwort auf alle Fragen. Leider aber waren die divinatorischen Qualitäten zuweilen sehr sensibel. So verlor eine berühmte Quelle bei Taernarum ihre Kräfte, als eine Frau ihre schmutzige Wäsche darin wusch.[42]

In England wird das Weissagen dieser Art in gedruckter Form zum ersten Mal im Jahre 1467 erwähnt. William Byg wurde wegen Häresie verurteilt, weil er zwei Jahre lang vom Weissagen gelebt hatte. Zur Strafe musste er an der Spitze einer Prozession der York Cathedral gehen, in seiner Rechten eine brennende Fackel, in seiner Linken einen Stock, an dem seine esoterischen Bücher hingen. Außerdem musste er widerrufen und seine Bücher verbrennen.[43]

Um die Wasserschau, also das Wahrsagen aus dem Wasser, ranken sich viele Geschichten. Noch bis vor kurzem gingen die Mädchen in Lincolnshire zum „Mädchenbrunnen“, um zu erfahren, wer ihr künftiger Mann sei. Dem Brunnen musste man sich rückwärts nähern und ihn dann dreimal rückwärts umschreiten. Wenn die Mädchen dann in die Quelle schauten, sahen sie darin das Gesicht ihres künftigen Liebsten, so sagt man.[44] Ähnliches wird von der griechischen Insel Andros berichtet. Dort halten junge Mädchen einen Spiegel über einen Brunnen und sehen dann das Abbild ihres künftigen Ehemanns auf der Wasseroberfläche.[45]

---

41 John Potter, *Archaeologia Graeca*, hrsg. von J. Boyd, Thimas Tegg, London 1837.

42 J. Raine, „Divination in the Fifteenth Century by Aid of a Magical Crystal“, Artikel in *The Archaeological Journal*, London 1856.

43 J. Raine „Divination in the 15th century by Aid of a Magical Crystal“, Artikel in *The Archaeological Journal*, London 1856.

44 E. Gutch and Mabel Peacock, *Examples of Printed Folk-lore Concerning Lincolnshire*, Folk-Lore Society, London 1908.

45 Sir Rennell Rodd, *The Customs and Lore of Modern Greece*, Argonaut Inc. 1968. Erstveröffentlichung, London 1892.

Das *Journal of the Society of Psychical Research* (Zeitschrift der Gesellschaft für mediale Forschung) berichtet in seiner Ausgabe vom Dezember 1903 von einem außergewöhnlichen Fall spontaner Wasserschau. Eine Frau wachte nachts auf, griff nach einem Glas Wasser, das neben ihrem Bett stand und sah darin, noch bevor sie etwas trinken konnte, einen fahrenden Zug. Sie beobachtete, wie ein Waggon auf den anderen auffuhr. Ein paar Stunden später kam ihr Mann nach Hause und erzählte ihr von einem Unfall, der an seinem Arbeitsplatz passiert war. Es war genau der Unfall, den sie in ihrem Wasserglas gesehen hatte. Der Bremser war schwer verletzt worden.

Graf Cagliostro (1743-1795) benutzte bei seiner Wasserschau kleine Kinder. Da viele seiner Erfahrungen auf diesem Gebiet von anderen aufgeschrieben wurden, wissen wir genau, wie er vorging. Ein solcher Bericht wurde 1791 während seines Prozesses in Italien vorgetragen. Er war des Versuchs der Begründung der Freimaurerei angeklagt. In diesem Bericht heißt es, ein kleines Kind wurde ihm auf den Schoß gesetzt. Auf dem Tisch vor ihnen stand eine große Karaffe mit reinem Wasser. Hinter der Karaffe standen mehrere brennende Kerzen. Cagliostro vollzog einen Exorzismus und legte dann dem Knaben die Hände auf den Kopf. Sodann beteten beide um den Erfolg des Experimentes zu Gott. Danach schaute der Junge in die Karaffe und sagte Cagliostro, was er sah.

Graf Beugnot, Staatsminister unter Napoleon I., schrieb, dass Cagliostro sagen konnte, was zum Zeitpunkt, zu dem das Experiment in Paris durchgeführt wurde, in einer weit entfernten Stadt geschah. Er konnte aber auch vorhersagen, was in sechs Tagen, sechs Monaten, sechs oder zwanzig Jahren geschehen würde. Dazu mussten allerdings etliche Bedingungen erfüllt sein. Wichtig war, dass das Kind rein und unschuldig war. Außerdem musste er oder sie zu einer bestimmten Zeit geboren sowie intuitiv hoch begabt sein und blaue Augen haben. Meist war ein noch nicht pubertierendes Kind unabdingbare Voraussetzung, aber auch Mademoiselle de Latour, eine junge Frau, gehörte zu Cagliostros Schützlingen. Vom Alter abgesehen, erfüllte sie sämtliche Voraussetzungen. Mindestens einmal sah sie den Erzengel Gabriel im Wasser. Gabriel gab ihr entgegenkommenderweise alle Informationen, die Kardinal de Rohan haben wollte, der zusammen mit Cagliostro in einen komplizierten Skandal, die sogenannte Halsbandaffäre, verwickelt war.[46]

Die Wasserschau war auf der ganzen Welt verbreitet. Von einer interessanten Spielart berichtet Sir Frank Swettenham, der in Malaya einem arabischen Seher begegnet war. Dieser Mann fastete und betete, bevor er etwas Wasser auf ein kleines Stückchen beschriebenes Papier goss. In dem kleinen „See", der entstand, sah der Seher alles, was er wissen musste.[47]

In Afrika ist die Wasserschau weit verbreitet. Die Zulu wahrsagen aus dem Wasser im Trinkgefäß ihres Häuptlings. Angehörige der Stämme der Kaonde und Alunda sehen in den aus Flüssen gespeisten Wasserlöchern sowohl die Vergangenheit als auch die Zukunft.[48]

Zweck dieser Schau ist es, den kritischen, rationalen Teil des Verstandes vorübergehend auszuschalten, um empfänglicher zu werden für die Botschaften des Unbewussten. Das verschafft unserer Intuition freie Bahn. In diesem Zustand und insbesondere bei

46 J. C. Beugnot, *Life and Adventures of Count Beugnot: Minister of State Under Napoleon*, hrsg. v. Charlotte Yonge, 2 Bde., Hurst and Blackett, London 1871. Nachdruck bei Elision Classics 2001

47 F. A. Swettenham, *Malay Sketches*, John Lane, The Bodley Head, London 1895, Nachdruck bei Graham Brasch, Singapur 1984.

48 Theodore Besterman, *Crystal-Gazing*, University Books Inc., New Hyde Park 1965 (Erstveröffentlichung bei William Rider and Son Limited, London 1924.)

der Wasserschau werden wir sehr offen für jegliche Kommunikation mit Gabriel.

WIE FUNKTIONIERT DIE WASSERSCHAU?

Mit etwas Übung kann jeder die Wasserschau erlernen. Manche haben eine natürliche Begabung, andere hingegen müssen ein wenig Durchhaltevermögen aufbringen, bis sich erste Ergebnisse einstellen. Manche wahrsagen am liebsten bei hellem Tageslicht, andere hingegen dunkeln den Raum lieber etwas ab. Manche stellen gerne ein Licht, etwa eine Kerze, hinter das Wasserglas, aus dem sie wahrsagen. Andere hingegen empfinden das eher als hinderlich denn als hilfreich. Manche stellen ihr Glas gern auf eine dunkle Unterlage, etwa schwarzen Samt, anderen hingegen ist völlig gleich, worauf das Glas steht. Da jeder Mensch anders ist, müssen Sie ein Weilchen experimentieren, bis Sie herausgefunden haben, womit Sie die besten Ergebnisse erzielen. Sie benötigen ein glatt geschliffenes Glas ohne Einschlüsse oder Gravuren. Je glatter das Glas, desto besser. Füllen Sie dieses Glas zu etwa zwei Dritteln mit Wasser und stellen Sie es dann auf eine geeignete Unterlage.

Sitzen Sie so, dass Sie von oben in das Glas hineinschauen können. Die Wasseroberfläche sollte sich in einem Abstand zu Ihren Augen befinden, der Ihnen gutes Sehen ermöglicht. Doch starren Sie nicht auf die Wasseroberfläche, schauen Sie stattdessen durch die Oberfläche in das Wasser hinein.

Es ist nicht erforderlich, dazu Ihre Gedanken auszuschalten, sich anzustrengen oder auch nur zu konzentrieren. Schauen Sie einfach ins Wasser und sehen Sie, was geschieht. Mit etwas Glück sehen Sie sofort etwas. Wenn Sie die Wasserschau aber noch nie praktiziert haben, dann sehen Sie die ersten paar Male wahrscheinlich noch gar nichts.

Es gibt für diese Übung keine ideale Dauer. Schauen Sie ins Wasser, bis Ihre Augen müde werden. Es hat keinen Sinn, dann noch fortzufahren. Stellen Sie das Glas beiseite und versuchen Sie es später noch einmal.

Manchmal stellt sich sofort eine Vision ein, an anderen Tagen trübt oder verdunkelt sich das Wasser erst, bevor eine Vision entsteht. Eine meiner Bekannten sagt, bei ihr wird das Wasser immer zuerst milchig, bevor sie etwas sieht. Ich habe aber auch mit Menschen gesprochen, die ganz anders empfanden. Eine meiner Kursteilnehmerinnen sagte, das Wasser habe mehrere Sekunden lang Sprenkel bekommen, bevor ihre Vision einsetzte. Viele sehen sanft schwebende, flockige Wölkchen. Andere sagten, sie verspürten ein plötzliches Gefühl inneren Friedens als Anzeichen, dass die Vision unmittelbar bevorsteht. Sie können eine oder mehrere solcher oder ganz andere Wahrnehmungen haben.

Was Sie sehen, wird immer wieder ganz unterschiedlich sein. Meist scheint es, als verschwänden das Glas und seine unmittelbare Umgebung vorübergehend, und Sie haben eine Vision. Hat Ihre Wasserschau einen bestimmten Grund, wird das, was Sie sehen, einen Bezug dazu haben, auch wenn Sie das erst im Nachhinein erkennen. Betreiben Sie Ihre Wasserschau aus reiner Neugier, können die Visionen fast alles betreffen, wenngleich sie sich sehr wahrscheinlich auf etwas beziehen, was zum Zeitpunkt Ihres Experiments in Ihnen vorgeht. Wenn Sie mittels der Wasserschau Kontakt mit Gabriel aufnehmen wollen, sehen Sie vielleicht sogar Gabriel im Glas, wahrscheinlicher aber erhalten Sie eine Vision im Zusammenhang mit den Gründen, warum Sie an ihn herangetreten sind. Seien Sie nicht enttäuscht, wenn Sie Gabriel nicht sehen. Das kommt vielleicht später. Beherzigen Sie die Visionen, die Sie sehen, und handeln Sie danach.

Vielleicht möchten Sie über die Wasserschau Einblick in die Zukunft gewinnen. Das kann sehr hilfreich sein, vor allem, wenn Ihnen zwei oder mehrere Möglichkeiten zur Auswahl stehen. So können Sie sich jede Möglichkeit ansehen und dann beurteilen, welches Bild Ihnen am ehesten entspricht. Fragen Sie danach Gabriel um Rat, welche Möglichkeit Sie ergreifen sollten.

Während der Wasserschau befinden Sie sich in einem Zustand, der dem Tagträumen sehr ähnlich ist. Wenn Sie dabei gestört werden, kommen Sie sofort wieder ins Alltagsbewusstsein. Vor vielen Jahren befürchtete eine meiner Kursteilnehmerinnen einmal, sie könne bei der Wasserschau Angriffen von außen ausgesetzt sein, weil sie spürte, dass sie sich in einem veränderten Bewusstseinszustand befand. Das ist jedoch nicht möglich. Die Wasserschau ist absolut ungefährlich.

WASSERSCHAU UND AUTOMATISCHES SCHREIBEN

Automatisches Schreiben ist ein interessantes Phänomen, das auftritt, wenn Ihre Hand mit dem Stift Botschaften schreibt, während Sie völlig entspannt sind oder etwas anderes tun. Schon viele Bücher wurden so geschrieben. Es scheint, als übernehme etwas oder jemand anderer Ihre schreibende Hand und erzeugte damit Botschaften, die überraschend und völlig unerwartet sein können.

Das automatische Schreiben können Sie immer üben, wenn Sie gerade etwas Zeit haben. Wenn Sie sich zum Beispiel vor dem Fernseher entspannen, nehmen Sie dabei einmal Stift und Papierblock zur Hand und warten Sie ab, ob etwas geschieht. Wichtig ist, dass Sie es einfach zulassen. Reagieren Sie nicht, wenn Sie spüren, dass Ihre Hand sich bewegt. Warten Sie, bis es vorbei ist und sehen Sie erst dann nach, was dabei herauskam. Am Anfang entstehen wahrscheinlich nur Kritzeleien oder Kreise und Ellipsen. Aber nach und nach werden Worte kommen, und Sie werden mit Staunen feststellen, wie schnell Ihre Hand ohne Ihr bewusstes Eingreifen Wörter schreiben kann.

Die Kombination von Wasserschau und automatischem Schreiben ist eine höchst effektive Methode, Botschaften von Gabriel zu erhalten. Setzen Sie sich vor das Glas, das Sie zur Wasserschau benutzen. Legen Sie einen Schreibblock neben das Glas, nehmen Sie einen Stift zur Hand und legen Sie Ihre Schreibhand einsatzbereit auf den Block. Der Tisch muss unbedingt sehr stabil stehen, denn die Bewegungen Ihrer schreibenden Hand sollten das Wasser nicht in Bewegung versetzen.

Führen Sie Ihre Wasserschau wie immer aus, aber bitten Sie Gabriel, Ihnen eine Botschaft zu überbringen. Diese Botschaft kann auf dreierlei Weise kommen. Entweder Sie sehen die Antwort im Glas oder Sie erhalten eine schriftliche Nachricht über das automatische Schreiben oder vielleicht sogar beides.

WASSERSCHAU IM ALLTAG

Die Wasserschau funktioniert überall, wo es Wasser gibt. Mit etwas Übung können Sie im fließenden Gewässer eines Baches, Flusses oder Stromes sehr effektiv Wasserschau betreiben. Dasselbe gilt für einen See oder das Meer. Für mich funktioniert es am besten, wenn ich dabei in den Sonnenschimmer auf der Wasseroberfläche blicke.

Setzen Sie sich an eine bequeme Stelle, von der aus Sie ins Wasser schauen können. Entspannen Sie sich und beobachten Sie die sanften Bewegungen des Wassers oder das Sonnengefunkel auf der Wasseroberfläche. Denken Sie an den Grund für Ihre Wasserschau und warten Sie ab, welche Gedanken kommen. Wenn Sie feststellen, dass sich willkürlich ganz andere Gedanken einstellen, dann lenken Sie Ihre Aufmerksamkeit sachte wieder auf den Anlass Ihrer Wasserschau zurück. Mit der Zeit werden Ihnen Gedanken kommen, die mit dem Grund Ihrer Schau zusammenhängen. Stellen Sie weitere Fragen und warten Sie, ob noch mehr Informationen auftauchen.

Auf diese Art können Sie auch ins Wasser schauen, wenn Sie keine bestimmte Frage haben. Das wird dann zu einer Art Meditation, bei der sich zufällige Gedanken einstellen können. Gehen Sie denen weiter nach, die interessant erscheinen, und lassen Sie die anderen einfach los.

In großen Gewässern sieht man meist keine Bilder, aber gelegentlich kommt es dennoch vor. Wenn Sie sehr viel Glück haben, sehen Sie beim Wasserschauen jedesmal Bilder, bei den meisten Menschen geschieht dies jedoch nur sehr selten.

DIE WELLENSCHAU

Diese Methode können Sie nur anwenden, wenn Sie am Meer leben. Wenn Sie schon einmal länger den Wellen zugesehen haben, wissen Sie, wie hypnotisch das wirken kann. Die beste Zeit für die Wellenschau ist die Nacht, wenn das Mondlicht auf den Wellenkämmen tanzt.

Setzen Sie sich an eine Stelle, von der aus Sie auf die Wellen sehen können und lassen Sie sich von deren Bewegung in einen leicht veränderten Bewusstseinszustand versetzen. Das Gefühl ist dasselbe wie es sich auch an einem kalten Winterabend einstellt, wenn man am Feuer sitzt und in die Flammen schaut. Man blinzelt weniger und fühlt sich immer mehr in das hineingezogen, in das man hineinschaut. Deshalb sollten Sie diese Übung immer im Sitzen durchführen.

Sobald Sie sich in diesem Zustand befinden, bitten Sie um eine Antwort auf Ihr Anliegen oder warten Sie einfach ab, was Ihnen in den Sinn kommt. Sie werden staunen, welche Gedanken sich einstellen. Die Erkenntnisse und Informationen, die man so erhält, lassen sich mit keiner anderen Methode gewinnen.

Für die Meeresschau gilt allerdings eine Warnung. Weil die hypnotische Wirkung der Wellen so stark ist, sollten Sie dies nur betreiben, wenn Sie sich ganz sicher sind, dass Sie nicht ins Meer hineingezogen werden. Wer sehr leicht zu beeinflussen ist, sollte die Wasserschau auf kleine Wassergefäße bei sich zu Hause beschränken.

DER KLANG DER WASSERSCHAU

Als Kind haben Sie bestimmt einmal den Finger in ein Glas mit Flüssigkeit getaucht und sind dann mit dem feuchten Finger am Glasrand entlanggestrichen. So entstand ein Ton. Vor über tausend Jahren wurde dies als Wahrsage-Methode genutzt. Michael Constantius Psellus (1020-1105 n. Chr.) könnte sich darauf bezogen haben, als er in seinem Buch *De Daemonibus* schrieb:

> *Wenn das Wasser sich zum Träger des Tones anschickt, gibt auch der Geist einen dünnen, zarten Ton der Zufriedenheit von sich, der aber keinerlei Bedeutung hat; und gleich danach, während das Wasser Wellen bildet, wispern bestimmte leise piepsende Töne Zukunftsvorhersagen.*[49]

In seinem Buch *Scrying for Beginners* äußert Donald Tyson die Vermutung, Nostradamus könnte zu seinen Zukunftsvorhersagen gekommen sein, indem er einen Stab um den Rand eines Gefäßes gezogen und die entstehenden Töne mit Hilfe seines Schutzengels gedeutet habe. Wahrscheinlich sah er in dem Becken auch Visionen.[50]

Wenn Sie es einmal mit dieser Methode versuchen möchten, verwenden Sie eine große, tiefe Schale. Stellen Sie sie auf einen Dreifuß oder einen kleinen Untersetzer, damit sie frei schwingen kann.

---

49 Michael Constantinus Psellus, zitiert in : Charles A. Ward, *Oracles of Nostradamus*, Leadenhall Press, London 1891.

50 Donald Tyson, *Scrying for Beginners*, Llewellyn Publications, St. Paul 1997.

Finden Sie durch Ausprobieren die richtige Wasserhöhe heraus. Füllen Sie die Schale dazu zu drei Vierteln mit Wasser und gießen Sie dann vorsichtig nach und nach mehr Wasser hinzu, bis es gut funktioniert.

Nun brauchen Sie einen Stab, den Sie um den Rand Ihrer Schale ziehen. Traditionell verwendete man dazu einen Zweig des Kirschlorbeers. Aber auch Apfelbaum, Lorbeer, Hasel, Birne und Weide sind geeignet. Der Stab sollte zwischen 15 und 45 cm lang sein. Experimentieren Sie auch hier wieder mit der Länge, bis Sie die richtige für sich gefunden haben. Wenn Sie sich keinen geeigneten Stab beschaffen können, dann benutzen Sie den Zeigefinger Ihrer dominanten Hand. Eine Dauerlösung ist das allerdings nicht.

Tauchen Sie die Spitze des Stabes ins Wasser, bis sie gut feucht ist, und ziehen Sie sie dann langsam um den Rand der Schale. Probieren Sie so lange, bis Sie den richtigen Feuchtigkeitsgrad, Druck und Ansatzwinkel gefunden haben.

Sobald Sie einen ununterbrochenen Ton erzeugen können, schauen Sie in die Mitte der Schale und ziehen Sie dabei den Stab weiter um den Rand. Lauschen Sie konzentriert auf die sanften, zarten Töne unter dem schweren, dominanten Ton. Nostradamus hielt diesen Klang für eine Botschaft des Himmels. Ich denke, dass wohl eher der Erzengel Gabriel mit Ihnen spricht. Sobald Sie diesen zarten, sanften, femininen Ton hören können, nehmen Sie den Stab vom Schalenrand und lauschen Sie den verklingenden Tönen, während Sie ins Wasser schauen. Vielleicht hören Sie geflüsterte Worte, sehen Bilder in der Schale oder es steigen Eindrücke in Ihnen auf. Folgen Sie dem, was Sie wahrnehmen, so lange wie möglich. Wenn Sie bereits eine detaillierte Antwort erhalten haben, können Sie jetzt aufhören. Wenn Sie weitere Informationen benötigen, wiederholen Sie den Vorgang so oft, bis Sie alles erfahren haben, was Sie wissen möchten.

WUNSCHBRUNNEN

Eine Münze in einen Brunnen zu werfen, ist ein sehr alter Brauch. Die alten Griechen besänftigten so die Wassergötter und glaubten, dass ein Brunnen, in den man Münzen wirft, nicht austrocknen würde. Die Wassergötter wurden stets in dem Glauben besänftigt, dass dies Glück bringe.

Die Überlieferung sagt, wenn man eine Münze in einen Brunnen wirft und dann wartet, bis das Wasser wieder so ruhig ist, dass man sein Spiegelbild darin sehen kann, hat man bei den Wassergöttern einen Wunsch frei. In Abwandlung dessen werfen heute frisch Verheiratete Münzen in den Bridal Veil Fall der Niagara-Fälle und erhoffen sich damit Glück und Wohlstand und eine glückliche Ehe.

Wunschbrunnen dienen zugleich der Wasserschau. Mädchen, die heiraten wollten, warfen eine Münze in einen Brunnen, in der Hoffnung, im Wasser das Gesicht ihres künftigen Gatten zu sehen. Gewöhnlich tat man das bei Vollmond, weil der Mond schon immer als allen Liebesdingen gewogen galt.

Wunschbrunnen und Quellen sind ausgezeichnete Orte für eine Kontaktaufnahme mit Gabriel. Verwenden Sie eine passende Opfergabe, etwa einen flachen Stein oder eine Münze, und werfen Sie sie in den Brunnen oder in die Quelle. Danken Sie für alle Segnungen, die Sie bereits erhalten haben, und bitten Sie dann Gabriel, zu Ihnen zu kommen. Setzen Sie sich neben dem Brunnen oder der Quelle bequem hin und genießen Sie den Austausch mit der Natur und das Gespräch mit Gabriel. Jetzt ist meist nicht der geeignete Zeitpunkt, Gabriel um Hilfe zu bitten. Diese Art des Kontaktes sollten Sie besser dazu verwenden, Gabriel für seine Hilfe in allen Lebenslagen zu danken.

TEICH-MAGIE

Als ich noch sehr klein war, wohnten wir in der Nähe eines Baches. Dort spielte ich oft mit anderen Kindern. Zu unseren Spielen gehörte auch, dass wir Fragen stellten, die man mit „Ja“ oder „Nein“ beantworten konnte. Dann warfen wir einen kleinen Stein in den Bach und zählten die Ringe, die dabei entstanden. Eine ungerade Zahl bedeutete „ja“, eine gerade „nein“.

Wir Jungs waren eher damit beschäftigt, *Rückenschwimmer* zu fangen; das sind kleine Insekten, die über die Wasseroberfläche huschten. Aber die Mädchen schienen mehr Achtung vor der Heiligkeit des Ortes zu haben. Eines der älteren Mädchen brachte immer ein Schälchen voll Milch für die Wassergötter. Zwar hatte ich damals nicht die geringste Ahnung, warum sie das tat, aber ich dachte mir auch, sie werde das schon wissen. Die Tatsache, dass die Milch jedes Mal verschwunden war, überzeugte uns alle von der Existenz der Wassergötter.

Kleine Wasserflächen, wie Teiche und stille Bäche, eignen sich sehr gut für die Wasserschau. Ich schaue besonders gerne in den Tagen um Vollmond ins Wasser. Setzen oder legen Sie sich hin und schauen Sie in das Spiegelbild des Mondes auf dem Wasser. Entspannen Sie sich und warten Sie, welche Gedanken oder Visionen sich einstellen.

WASSER-MEDITATION

Gabriel kann Ihnen immer helfen, wenn Sie ins Schwimmen geraten oder sich vor dem Sprung ins kalte Wasser fürchten. Die folgende Übung können Sie überall und jederzeit durchführen. Ich mache Sie am liebsten neben einem Gewässer, aber das ist nicht nötig. Möglicherweise machen Sie diese Übung lieber vor dem Einschlafen im Bett.

Legen Sie sich bequem hin und entspannen Sie Ihren Körper ganz bewusst so weit wie möglich. Visualisieren Sie sich selber an einem schönen See. Wählen Sie eine Seenlandschaft, die Sie kennen, oder schöpfen Sie aus Ihrer Phantasie. Ich stelle mir immer einen See im Hochgebirge vor, an dem ich als Kind oft war. Malen Sie sich die Umgebung aus und genießen Sie das sanfte Geräusch der Wellen, die am Ufer auslaufen.

Bitten Sie Gabriel, zu Ihnen zu kommen. Weil Sie sich diese Szene ausmalen, dürfen Sie sich auch vorstellen, dass er übers Wasser auf Sie zugeht. Vielleicht steigt er auch aus den Wolken herab oder erscheint aus dem Nichts.

Stellen Sie sich vor, dass Sie einander anlächeln, dann aufstehen und Hand in Hand mit Gabriel um den See gehen. Vielleicht spüren Sie das taufeuchte Gras unter Ihren Füßen, und ganz bestimmt riechen Sie die frische, reine Luft.

Gabriel und Sie unterhalten sich ein Weilchen über Belanglosigkeiten, dann fragt er Sie, was Sie auf dem Herzen haben. Stellen Sie sich nun vor, dass Sie antworten und ihm alles erklären, was Sie beschäftigt. Achten Sie darauf, wie viel besser es Ihnen gleich geht, wenn Sie Gabriel erst einmal die ganze Geschichte erzählt haben.

Gabriel lächelt Sie an und erteilt Ihnen dann wertvollen Rat. Hin und wieder nicken Sie zustimmend. Zum Schluss haben Sie vielleicht ein paar neue Fragen an Gabriel, die er bereitwillig beantwortet. Jetzt bemerken Sie, dass Sie beide nicht mehr weitergehen, sondern an einem kleinen Strand am Seeufer stehen geblieben sind. Gabriel hebt einen flachen Stein auf und wirft ihn so über den See, dass er mehrmals hüpft, bevor er untergeht. Sie lachen und nehmen auch einen Stein. Ein paar Minuten lang vergessen Gabriel und Sie alle Probleme und werfen selbstvergessen Steine über den See.

Sie hören beide zur selben Zeit damit auf. Sie schauen Gabriel in die Augen und danken ihm für seinen Rat und seine Unterstützung. Er fragt Sie, ob Sie alles verstanden haben, was er Ihnen sagte. Sie bejahen das und sagen ihm, dass Sie seinem Rat folgen werden. Gabriel drückt Ihnen die Hand und verschwindet dann.

Sie setzen sich dicht am Wasser hin und denken über den Rat nach, den Gabriel Ihnen gegeben hat. Sobald Sie bereit sind, öffnen Sie die Augen wieder und strecken sich.

Manche meiner Kursteilnehmerinnen hatten das Gefühl, dass die ganze Übung ein reines Phantasieprodukt sei. Ich fragte sie nach dem Rat, den sie von Gabriel erhalten hatten. „War es ein guter Rat?“, fragte ich. „Hatte er mit dem zu tun, was Sie gerade beschäftigt?“ Alle antworteten mit „Ja.“ „Ist es dann“, so fuhr ich fort, „wirklich wichtig, ob die Übung real oder nur Phantasie war?“

Möglicherweise geht es Ihnen wie meinen Kursteilnehmern. Solange Sie dabei einen guten Rat erhalten, ist es vollkommen unerheblich, wie real das Erlebnis war. Wenn Sie diese Übung aber erst ein paar Mal gemacht haben, wird es Ihnen sicher so gehen wie meinen Kursteilnehmerinnen, und Sie werden sie für eine reale Begegnung mit Gabriel halten und sie oft wiederholen.

TASSEN-MAGIE

Sie können jede beliebige Teetasse zu magischen Zwecken verwenden, aber es ist besser, wenn Sie eine bestimmte Tasse haben, die Sie nur zur Magie benutzen.

Füllen Sie eine große Schüssel mit Wasser, und tauchen Sie dann Ihre Teetasse hinein. Natürlich ist die Tasse jetzt voll Wasser. Drehen Sie die Tasse in der Schüssel um. Nun ist sie zwar immer noch voll Wasser, aber symbolisch haben Sie sie geleert. Heben Sie sie nun, so umgekehrt wie sie ist, aus der Schüssel. Jetzt ist kein Wasser mehr in der Tasse, dafür aber Luft. Drehen Sie sie um und pusten Sie Luft in die Tasse. Denken Sie dabei liebevoll an Ihre Tasse. So wird sie mit Ihrer Essenz aufgeladen.

Danach können Sie die Tasse zu ganz verschiedenen Zwecken benutzen. Benötigen Sie mehr Begeisterung, Vitalität und Energie, füllen Sie die Tasse mit Sonnenlicht und „trinken“ Sie es dann. Wünschen Sie sich Liebe in Ihrem Leben oder eine bessere Intuition, füllen Sie die Tasse mit Mondlicht und trinken Sie es.

Nehmen Sie, immer wenn Sie etwas in Ihrem Leben verändern möchten, die Tasse zu Hilfe. Pusten Sie schlechte Gewohnheiten oder etwas anderes, das Sie endgültig loswerden wollen, hinein und drehen Sie die Tasse dann über einem Papierkorb oder einem Abfalleimer um. Drehen Sie die Tasse danach wieder richtig herum, und pusten Sie Liebe und Dankbarkeit hinein.

Sie können die Tasse auch für einen besonderen Gabrielssegen verwenden. Füllen Sie die Tasse dazu zuerst mit Wasser. Halten Sie die Tasse in beiden Händen und danken Sie Gabriel für all den Segen, den er Ihnen bereits geschenkt hat. Füllen Sie die Tasse mit Liebe. Gießen Sie das Wasser dann über oder um eine Pflanze. Normalerweise gieße ich so meine Topfpflanzen. Dieses gesegnete und heilige Wasser wird bei Ihren Pflanzen Wunder wirken, denn sie reagieren auf die Gedanken, die ins Wasser übertragen wurden. Wenn Sie die Tasse eine Zeit lang benutzt haben, können Sie sie auch dafür verwenden, Gabriel zu sehen. Füllen Sie die Tasse mit Wasser. Schauen Sie ins Wasser, bis Sie sich völlig entspannt fühlen. Denken Sie an jemanden, der eine wichtige positive Rolle in Ihrem Leben gespielt hat. Im Idealfall ist das jemand, an den Sie schon jahrelang nicht mehr gedacht haben. Ich denke dabei immer an meine Lehrerin, als ich acht Jahre alt war. Schauen Sie so lange ins Wasser, bis Sie ein klares Abbild des Gesichts dieses Menschen in der Tasse sehen. Sobald Sie ihn oder sie deutlich im Wasser erkennen können, sagen Sie laut „Danke“. Damit danken Sie diesem Menschen für alles, was er oder sie für Sie getan hat. Denken Sie dann an jemanden, den Sie sehr geliebt haben. Das kann Ihre erste große Liebe sein oder vielleicht ein Elternteil oder ein anderer Verwandter. Auch dies sollte wieder jemand sein, an den oder die Sie schon lange nicht mehr gedacht haben. Warten Sie, bis Sie das Gesicht dieses Menschen im Wasser sehen. Danken Sie wieder. Das ist wichtig. Selbst wenn die Beziehung ein unschönes Ende nahm, so muss es doch einmal Liebe gewesen sein, denn sonst hätten Sie ja diesen Menschen nicht ausgesucht. Denken Sie zum Schluss an Gabriel. Warten Sie geduldig, bis Sie Gabriels Gesicht im Wasser sehen können. Sobald Sie ihn sehen, sagen Sie ihm, was Sie möchten. Danken Sie ihm am Ende des Gespräches und küssen Sie die Tasse. Dieses Wasser ist nun dreifach gesegnet und hilft jeder Pflanze, der Sie es geben.

Füllen Sie Ihre Tasse jedes Mal, wenn Sie die Arbeit mit ihr beendet haben, mit Liebe und küssen Sie sie, bevor Sie sie bis zum nächsten Gebrauch wegstellen.

GABRIELSWASSER

Sie können auch Wasser trinken, das von Gabriel gesegnet wurde. Sie werden bemerken, dass es ein wenig anders schmeckt als normales Trinkwasser. Dazu brauchen Sie nur ein Glas mit ganz normalem Wasser zu füllen und es mindestens eine Stunde direkter Mondeinstrahlung aussetzen. Halten Sie danach das Glas mit beiden Händen etwa auf Schulterhöhe in Richtung zum Mond. Danken Sie Gabriel für alles, was er für Sie getan hat und trinken Sie das Wasser. Das Wasser ist kühl, erfrischend, energetisierend und gesundheitsstärkend. Es schickt Gabriels Energien in jede Zelle Ihres Körpers.

Paare, die sich ein Kind wünschen, können zur Vollmondzeit ebenfalls Gabrielswasser anwenden. Dieses Ritual sollte man nach Möglichkeit am besten draußen durchführen. Drinnen ist es allerdings auch möglich, solange Sie dabei den Vollmond sehen können. Zünden Sie eine silberfarbene Kerze an und stellen Sie sie so auf, dass die Strahlen des Mondes sie ganz durchtränken können. Gießen Sie Wasser in ein Glas oder einen Kelch und stellen Sie es vor die Kerze. Schauen Sie zum Mond, rufen Sie Gabriel und sagen Sie ihm, wie sehr Sie sich ein Kind wünschen. Stellen Sie sich vor, dass Sie ein schlafendes Baby in den Armen halten und hüllen Sie sich ganz in Ihr Gefühl überströmender Liebe und Zärtlichkeit. Danken Sie Gabriel für seine Liebe und erzählen Sie ihm noch einmal von Ihrem Kinderwunsch. Wenn Sie so weit sind, löschen Sie die Kerze im Wasser und trinken Sie das Wasser in einem Zug aus. Dieses Ritual müssen Sie neun Monate nacheinander zu jedem Vollmond ausführen. Es wird jedes Mal dieselbe Kerze verwendet, und beim letzten Mal lässt man den Stummel völlig niederbrennen. Sie müssen das Ritual jedes Mal auf exakt dieselbe Weise vollziehen. Achten Sie unbedingt darauf, dass sich dabei keine Gefühle der Hoffnungslosigkeit oder Verzweiflung einschleichen. Seien Sie zuversichtlich und lassen Sie Gabriel tun, was für Sie das Beste ist. Wenn Sie in diesem Zeitraum schwanger werden, können Sie das Ritual natürlich beenden.

Manche Menschen legen gerne einen Edelstein in das Wasserglas, bevor sie es im Mondschimmer energetisieren. Mondstein eignet sich ideal dazu, aber auch jeder andere Stein, der Gabriel symbolisiert, ist verwendbar. Mit den passenden Steinen beschäftigen wir uns im nächsten Kapitel.

8

GABRIEL UND EDELSTEINE

Edelsteine und Halbedelsteine gelten seit jeher als wertvoll. Die Menschen der frühen Kulturen staunten über die Schönheit dieser Steine und hielten sie für die Quelle der heilenden und nährenden Kräfte von Mutter Erde. In vielen Teilen der Welt fand man Edelsteine in prähistorischen Gräberstätten.

Man geht häufig davon aus, dass die Menschen Edelsteine zunächst als Schutzamulette und nicht als Schmuck getragen haben. Ungeachtet aller ursprünglichen Beweggründe sind Edelsteine heute immer noch so begehrt wie eh und je.

Es ist nur natürlich, dass bestimmte Steine als Amulette benutzt wurden. Außer ihrem Glanz und ihrer Farbe entfalteten auch die Formen, in denen sie auftraten, unmittelbare Wirkung auf die frühen Kulturen. So enthält etwa Staurolit Zwillingskristalle in der Form eines Kreuzes. Viele Staurolit-Proben sind so vollkommen, dass man schwören möchte, ein kunstfertiger Juwelier habe sie geschliffen. Staurolit wird häufig unter der Bezeichnung „Feenstein“ oder „Feenkreuz“ gehandelt.

Auch die Farbe spielte eine wichtige Rolle. Wie nicht anders zu erwarten, erinnerten rote Steine die Menschen an Blut, während blaue für sie eine Verbindung sowohl zum Wasser als auch zum Himmel hatten. In alter Zeit verwendete man rote Steine, um Blutungen zu stillen.

Schon früh spürten die Menschen die Energie, die bestimmte Steine enthalten. Die magnetischen Kräfte des Magnetit faszinierten bereits die alten Römer, die deshalb spekulierten, dass auch andere Steine Kräfte und Energien abstrahlten. Alexander der Große gab seinen Soldaten Magnetit, weil er glaubte, dass dieser Stein seine Männer vor Schmerzen und bösen Geistern behütete.[51]

Theophrast (um 372 – 287 v. Chr.) schrieb das erste Buch ausschließlich über Edelsteine. Bedauerlicherweise ist nur ein Bruchteil dieses Werkes, *Peri Lithon* (Über Steine), erhalten. Plinius der Ältere (23 o. 24 – 79) schrieb ein siebenunddreißig Bände umfassendes Werk mit dem Titel *Naturalis Historia*, das zahlreiche Angaben über Kristalle und Edelsteine enthält. Seit seiner Erstveröffentlichung im Jahr 77 ist es in mehr als zweihundertfünfzig Ausgaben in vielen verschiedenen Sprachen erschienen. Plinius gilt als der erste Autor, der Edelsteine nach ihrer Farbe und anderen Merkmalen klassifizierte.

Edelsteine galten seit jeher als wirkungsvolle Methode, um mit den Engeln Kontakt aufzunehmen. Jeder blaue oder weiße Stein, der Ihnen gefällt und Sie anspricht, eignet sich gut zu diesem Zweck. Traditionell verwendet man Lapislazuli für eine enge Verbindung zu Gabriel. Viele Menschen nutzen Lapislazuli jedoch zur Kontaktaufnahme mit Michael. Dies zeigt, dass Sie zur Kontaktaufnahme mit einem Mitglied der Engelsheerscharen jeden Stein verwenden können, den Sie mögen.

Edelsteine lassen sich auf verschiedene Weise einsetzen, um eine Verbindung zu Gabriel herzustellen. Wenn Sie Ihren Stein als Schmuck tragen oder bei sich führen, können Sie sicher sein, dass Gabriel immer und überall bei Ihnen ist. Sie können sogar mit dem Stein unter Ihrem Kissen schlafen. Wenn nötig, können Sie so jederzeit den Stein berühren, um sofort Kontakt herzustellen.

---

51 George Frederick Kunz, *The Curious Lore of Precious Stones*, J. B. Lippincott Company, Philadelphia 1913, Nachdruck bei Dover Publications, New York 1971.

LAPISLAZULI

Lapilazuli besteht aus Lasurit, Pyrit und Calcit (Kalkspat). Der Lasurit sorgt für die tiefblaue Farbe, und der Pyrit sprenkelt ihn mit den hübschen goldfarbenen Tupfen. So ist es nicht weiter verwunderlich, dass er wegen seiner Schönheit in alter Zeit so wertvoll gehandelt wurde wie Gold. Lapislazuli galt als ein Stein, den nur Herrscher tragen durften. In einer Beschreibung der babylonischen Göttin Inana heißt es, sie trage Broschen und anderen Schmuck aus Lapislazuli, darunter auch eine Kette mit großen Lapislazuli-Steinen.[52] Die Sumerer glaubten, dass jeder, der ein Amulett aus Lapislazuli trägt, einen Gott bei sich führt.[53] Die alter Ägypter stellten aus Lapislazuli Amulette in Form eines Auges her. Als Inschrift erhielt es das 140. Kapitel des *Totenbuchs* und galt als Amulett von besonders großer Kraft.[54] Der Oberste Richter trug außerdem ein Abbild der Göttin Maat (der Göttin der bestehenden Weltordnung) aus Lapislazuli um den Hals.

Im Mittelalter galt Lapislazuli als Heilmittel gegen Depressionen. Sir John de Mandeville schrieb, vom Mann oder der Frau getragen, wirke er empfängnisverhütend. Außerdem wurde er zu Pulver verrieben und als teure, aber hoch begehrte Farbe gehandelt: Ultramarin.

Wie vom Saphir und anderen blauen Steinen glaubte man auch vom Lapislazuli, er gleiche die negativen Kräfte der Geister der Dunkelheit aus und erleichtere den Geistern des Lichtes ein hilfreiches Eingreifen.

Lapilslazuli können Sie verwenden, wenn Sie Ihre Intuition verbessern, klares Denken fördern, Reinigung bewirken und Ihre Träume

52 John Arnott MacCulloch (Hrsg.), *The Mythology of All Races*, Band 5, Cooper Square Publishers Inc., New York 1964.

53 Bruce G. Knuth, *Gems in Myth, Legend and Lore*, Jewelers Press, Wellingborough 1999.

54 Kunz, *The Curious Lore of Precious Stones*.

erinnern wollen. All dies geschieht, wenn Sie Lapislazuli tragen oder ständig mit sich führen. So können Sie Ihren Lapislazuli immer dann berühren, wenn Sie Gabriels sofortige Hilfe oder augenblicklichen Schutz benötigen. Lapislazuli können Sie zur Verstärkung aller Rituale einsetzen, die mit Gabriel zu tun haben.

AQUAMARIN

Bis 1609 wurde der Aquamarin unter der Bezeichnung blau-grüner Beryll geführt. Die Bezeichnung Aquamarin erhielt er zum ersten Mal in der *Gemmarum et Lapidum Historia* des Anselmus de Boodt.[55] Der Aquamarin gilt seit jeher als der Stein der Klarheit. Wenn Sie in dieser Hinsicht Gabriels Hilfe benötigen, dann ist der Aquamarin der ideale Stein. Tragen Sie ihn als Schmuck oder einfach nur in der Tasche.

BLAUER TOPAS

Mit Topas wehrte man in alter Zeit den bösen Blick ab. Zuweilen wurde er um den linken Arm gebunden, wo er seinen Träger vor Flüchen schützte. Im 13. Jahrhundert empfahl der hinduistische Arzt Naharare Topas als Mittel gegen Flatulenz (Blähungen). Außerdem behauptete er, jeder Mann, der ihn trage, würde intelligent, gut aussehend und sich eines langen Lebens erfreuen.[56]

---

55 Anselmus de Boodt, *Gemmarum et Lapidum Historia*, Wechel, Hanoviae (Hanau) 1609. Anselmus de Boodt (1550-1632) war in Prag Leibarzt von Rudolph II. und ist heute vor allem durch seine Aquarellfarben bekannt. Sein Buch über Edelsteine war das fortschrittlichste seiner Zeit zu diesem Thema. Außerdem war es hochberühmt und wurde noch im Jahr seines Erscheinens drei Mal nachgedruckt. De Boodt war Kurator der Mineraliensammlung von Rudolph II. und sammelte selbst Proben in Deutschland, Schlesien und Böhmen. (www.serendipitybooks.com/jahnfull.pdf, S. 14)

56 George Frederick Kunz, *The Magic of Jewels and Charms*, J. B. Lippincott Company, Philadelphia 1915.

Der blaue Topas schenkt Führung und Inspiration. Er hilft, unerwünschte Denkmuster zu verändern und verhilft zu größerer emotionaler Freiheit.

BLAUER TURMALIN

Blauer Turmalin ist selten, und man muss lange suchen, bis man ihn irgendwo findet. Traditionell gilt er als ein Stein, der Negativität aufhebt und hilft, Ziele zu erreichen.

CHALCEDON

Chalcedon gibt es in verschiedenen Farben; man findet ihn in weiß, grau und blau. Soll der Stein Gabriel gewidmet werden, so sind weiß und blau die richtigen Varianten. Der Chalcedon gilt gemeinhin als der Stein der Redner, denn er soll die Stimme kräftigen und das Selbstvertrauen stärken, wenn man vor anderen reden muss. Traditionell heißt es vom Chalcedon, er verleihe Gelassenheit, inneren Frieden und Großzügigkeit. Wenn Sie sich Reinigung von einem negativen Erlebnis aus der Vergangenheit wünschen, wird es Ihnen gut tun, diesen Stein bei sich zu tragen.

LAVENDELQUARZ

Lavendelquarz ist weiß und nicht leicht zu finden. Meist ist er teurer als andere Quarze. Er verbessert Intuition, Vision und Inspiration. Außerdem schenkt er Energie und beseitigt Zweifel und Ängste.

MILCHQUARZ

Das ist ein milchig-weißer Stein, der aus Brasilien kommt. Er schenkt Frieden, Harmonie und Mitgefühl; außerdem Liebe und Vergebung.

MONDSTEIN

Wegen seiner engen Verbindung zum Medialen und Spirituellen spricht der Mondstein viele Menschen an. Wenn Sie mit Gabriel Kontakt aufnehmen, damit er Ihnen hilft, Ihre medialen Fähigkeiten zu verbessern oder weil Sie Visionen und Führung durch die Engel möchten, dann ist Mondstein eine gute Wahl. Mondstein gibt es in vielen Nuancen. Für die Arbeit mit Gabriel eignet sich der weiße Mondstein am besten.

PERLEN

Die Perle wird seit alters her hoch geschätzt; sie symbolisiert Glaube, Nächstenliebe, Gelassenheit, Reinheit, Unschuld und Güte. Plinius der Ältere schrieb, Perlen entstünden, wenn der „Tau des Himmels" ins Meer fällt und von Austern aufgefangen wird. Die Qualität der Perle richte sich nach der Qualität des Taus und den Wetterverhältnissen zum Zeitpunkt, zu dem er ins Meer falle. Reiner Tau ergebe ganz von selbst vollkommene Perlen. Ein wolkenverhangener Himmel jedoch sorge für fehlfarbene, glanzlose Perlen. Donner verursache Fehlgeburten bei den Austern und damit den Verlust der Perle.[57]

In Ägypten galten Perlen als so wertvoll, dass Kleopatra Marcus Antonius einen Trank reichte, der eine aufgelöste Perle enthielt. Die Perle, so heißt es, war teurer als die Kosten des gesamten Festes und sollte Marcus Antonius den unglaublichen Reichtum Ägyptens vor Augen führen.

Wegen ihrer Beziehung zur Reinheit sind Perlen der ideale „Stein", wenn Sie Reinigung suchen. Als Dreingabe sollen Sie außerdem ihre Trägerin vor bevorstehenden Katastrophen warnen.

57 William Jones, *History and Mystery of Precious Stones*, Richard Bentley and Son, London 1880.

SAPHIR

Die Zehn Gebote sollen auf große Saphir-Tafeln geschrieben worden sein. Sicher ist, dass der Saphir schon seit Tausenden von Jahren als heiliger Stein gilt. Im zweiten Jahrhundert v. Chr. schrieb der griechische Historiker Damigeron, dass die Könige zum Schutz Saphire um den Hals trugen. Weiter sagte er, der Saphir verhindere Neid und mache die Menschen Gott wohlgefällig.[58] Die römisch-katholische Kirche glaubt, der Saphir fördere die Keuschheit und banne böse Gedanken. Deshalb tragen Bischöfe einen Saphir-Ring.

Der Saphir ist gut geeignet, wenn Sie Reinigung oder Zeit zum Nachdenken benötigen. Man sagt, er stelle Körper, Geist und Seele wieder her und bringe seinem Träger inneren Frieden. Da überrascht es nicht, dass er zuweilen als der „Stein der Weisen" bezeichnet wird.

SELENIT

Der Selenit gilt als einer der stärksten Heilsteine. Er harmoniert gut mit Gabriel und hilft bei der Auflösung von Schuldgefühlen und beim Loslassen der Vergangenheit. Selenit beruhigt die Emotionen und klärt die Gedanken.

TANSANIT

Der Tansanit war bis zu seiner Entdeckung, im Jahr 1967 im Norden von Tansania, völlig unbekannt.[59] Er erfreute sich rasch großer Beliebtheit wegen seiner tiefblauen Farbe, weil er billiger ist als Saphir und weil er changiert, wenn man ihn bewegt. Sein

---

58 Damigeron, *De Virtuibus Lapidum: The Virtues of Stones*, übersetzt von Patricia P. Tahil. Ars Obscura, Seattle 1989

59 Cornelia M. Parkinson, *Gem Magic*, Fawcett Columbine, New York 1988.

Farbspektrum reicht von Blau über Lila bis Rosa. Tragen Sie einen Tansanit bei sich, wenn Sie sich Führung von Gabriel wünschen. Auch der Tansanit bringt Körper, Seele und Geist ins Gleichgewicht.

TÜRKIS

Der Türkis war den Babyloniern, Ägyptern, Azteken, Mayas und Inkas lieb und teuer. Den Persern galt er als ihr Nationalstein und ging sogar in ein Sprichwort ein: „Willst du Böses meiden und das Glück für dich gewinnen, so musst du den Widerschein des Mondes entweder im Gesicht eines Freundes, auf einem Exemplar des Korans oder in einem Türkis sehen.“[60]

EDELSTEINE REINIGEN

Alle Edelsteine, die Gabriel gewidmet sind, müssen hin und wieder gereinigt werden. Besonders wichtig ist die sorgfältige Reinigung gleich nach dem Kauf. Eine gute Methode ist, sie dazu eine Nacht lang in ein mit Salzwasser gefülltes Behältnis zu legen. Das Salz spaltet die im Stein gespeicherten Energien auf, und das Wasser reinigt und absorbiert diese Energien.

Edelsteine, die Gabriel gewidmet sind, brauchen nicht sehr häufig gereinigt zu werden. Man reinigt sie, indem man sie durch eine Kerzenflamme führt, über Nacht in Salzwasser legt oder vierundzwanzig Stunden in Erde eingräbt. Sie können Ihre Steine auch mit Gebeten reinigen. Wenn Sie es eilig haben, halten Sie Ihren Stein einfach ein oder zwei Minuten unter fließendes Wasser.

Den Stein zu energetisieren, ist ganz einfach. Setzen Sie sich bequem hin und halten Sie den Stein Ihrer Wahl zwischen Daumen

60 Thomas H. Hendley, *Indian Jewelry*, London 1909, Nachdruck: Sagar Publications, New Delhi 1962.

und Zeigefinger Ihrer untergeordneten Hand, also Ihrer linken Hand, wenn Sie Rechtshänder sind bzw. Ihrer rechten Hand, wenn Sie Linkshänderin sind. Pusten Sie auf den Stein, um alle negativen Energien zu entfernen. Drehen Sie den Stein dabei auch um, damit Ihre Atemluft überall hinkommt. Legen Sie die Hand, in der Sie den Stein halten, mit dem Handrücken nach unten in die Handfläche Ihrer anderen Hand und heben Sie die Hände etwa auf Brusthöhe.

Schließen Sie die Augen und bitten Sie Gabriel zu sich. Wenn Sie spüren, dass er da ist, bitten Sie ihn, den Stein zu energetisieren. Wahrscheinlich verspüren Sie ein Prickeln in Ihrer Handfläche, während der Stein aufgeladen wird. Manche Menschen verspüren auch eine plötzliche Kühle. Wenn der Stein vollständig energetisiert ist, schließen Sie Ihre Finger über ihm und danken Sie Gabriel dafür, dass er dies für Sie getan hat. Wenn Sie mit Gabriel noch über etwas sprechen möchten, dann tun Sie das jetzt und danken Sie ihm beim Abschied noch einmal. Der Stein ist nun aufgeladen und mit Gabriels heilender Energie angefüllt.

Sie können Ihre Steine jederzeit waschen, halten Sie sie dazu etwa fünf Minuten lang unter fließendes Wasser. Die Energetisierung, die Gabriel bewirkt hat, bleibt davon völlig unberührt.

Wenn Sie Ihren Stein mit männlicher Energie erfüllen wollen, laden Sie ihn mit Sonnenlicht auf. Wünschen Sie weibliche Energie, tauchen Sie ihn ins Mondlicht.

Denken Sie daran, dass Ihre Steine Ihre Gedanken und Gefühle in sich aufnehmen. Seien Sie in ihrer Nähe deshalb so optimistisch und fröhlich wie nur möglich. Reinigen Sie Ihre Steine jedes Mal, wenn Sie den Eindruck haben, dass sie negativer Energie ausgesetzt waren.

EDELSTEIN-MEDITATION

Wenn Sie erst einmal den richtigen Stein gefunden haben, können Sie ihn auf vielfältige Weise verwenden. Vielleicht möchten Sie auch mehrere Steine für unterschiedliche Zwecke besitzen. Legen Sie sich keinerlei Beschränkungen auf. Ich kaufe regelmäßig Steine, die mich ansprechen. Allerdings sollten Sie Steine, die Gabriel geweiht sind, getrennt von Ihren übrigen Steinen aufbewahren. Wenn ich sie gereinigt und aufgeladen habe, lege ich sie entweder an eine Stelle, an der sie Licht und Energie ausstrahlen können oder wickele sie stattdessen in ein Seidentuch und bewahre sie irgendwo auf. Selbstverständlich müssen offen ausliegende Steine regelmäßig abgestaubt werden. Außerdem lasse ich niemand anderen meine Gabriel-Steine berühren. Ich habe sehr viele Steine, die jeder einmal in die Hand nehmen darf, aber bei den Steinen, die ich Gabriel geweiht habe, achte ich darauf, dass sie nicht mit den Schwingungen anderer Menschen in Berührung kommen.

Ihr Stein reagiert auf regelmäßigen Gebrauch. Wenn Sie den Stein, der für Sie richtig ist, ausgesucht haben, tragen Sie ihn bei sich, halten Sie ihn in der Hand, streicheln Sie ihn und berühren Sie ihn so oft wie möglich. Hin und wieder werden Sie dabei plötzliche Erkenntnisse über bestimmte Dinge erhalten, die Sie gerade beschäftigen. Das sind dann Botschaften von Gabriel.

Eine Edelstein-Meditation mit Gabriel wirkt stark regenerierend, und Sie werden sie sicher regelmäßig wiederholen wollen. Die Meditation erfolgt in neun Schritten.

1. Wählen Sie Zeitpunkt und Ort so, dass Sie nicht gestört werden. Ein heiliger Platz neben Ihrem Altar wäre perfekt, möglich aber ist jeder Ort, an dem Sie sich vorübergehend der Außenwelt entziehen können.

2. Setzen Sie sich ruhig hin und halten Sie Ihren Stein in der linken Hand. Schließen Sie die Augen und bitten Sie Gabriel um Hilfe, Führung und Schutz.
3. Entspannen Sie sich so weit wie möglich. Dazu gibt es mehrere Möglichkeiten. Sie können, bewusst von den Füßen ausgehend, nach und nach am ganzen Körper alle Muskeln entspannen. Am leichtesten aber geht es, wenn Sie die verschiedenen Muskelgruppen zunächst anspannen und dann loslassen, bis Sie völlig entspannt sind. Beginnen Sie in diesem Fall mit den Augen: Drücken Sie sie fest zu und entspannen Sie dann die Muskeln um die Augen. Bei mir genügt das meist schon vollauf. Wenn diese Muskeln erst einmal entspannt sind, scheint sich alles andere wie von selbst zu lockern.
4. Stellen Sie sich vor, dass Sie vollständig von einem Kreis aus weißem Licht umgeben sind, der Sie schützt und Ihnen noch mehr entspannende Energie schenkt. Ich visualisiere, dass dieses Licht vom Himmel kommt und mich vollständig mit seinem heilenden, schützenden Licht umgibt.
5. Konzentrieren Sie sich nun auf den Stein in Ihrer linken Hand. Visualisieren Sie einen Strahl blauen Lichtes, der Ihren Stein mit Ihrem Dritten Auge (die Stelle dicht über und zwischen den Augenbrauen) verbindet.
6. Bitten Sie Gabriel, zu Ihnen zu kommen. Wenn Sie spüren, dass er da ist, bitten Sie ihn, den Stein mit göttlicher Energie aufzuladen. Lassen Sie ihn den Stein in die Hand nehmen, wenn er das möchte. Sprechen Sie mit ihm über alle Probleme oder Schwierigkeiten, die Sie gerade haben. Lauschen Sie aufmerksam auf Antwort, die wahrscheinlich in Form von Gedanken in Ihrem Kopf erfolgt.
7. Wenn Sie so weit sind, danken Sie Gabriel dafür, dass er stets für Sie sorgt und für all das Gute, das er Ihnen tut. Halten Sie den Stein hoch empor und verabschieden Sie sich.

8. Wenn Gabriel gegangen ist, bleiben Sie noch ein paar Minuten ruhig sitzen. Es werden Ihnen verschiedene Gedanken kommen. Verweilen Sie ein wenig dabei. Wenn Sie so weit sind, atmen Sie dreimal langsam und tief durch und öffnen Sie die Augen.
9. Nehmen Sie sich ein, zwei Minuten Zeit, und lassen Sie sich noch einmal durch den Kopf gehen, was eben geschehen ist, bevor Sie wieder an Ihre normale Tätigkeit gehen. Es ist gut, wenn Sie alles aufschreiben, woran Sie sich erinnern können, solange Ihnen das Erlebnis noch frisch im Gedächtnis ist. Verschiedene Gedanken, die Ihnen jetzt völlig nebensächlich erscheinen, können später recht bedeutsam werden. Halten Sie so viel wie möglich fest.

WIE IHR GABRIEL-STEIN IHNEN BEI DER VERWIRKLICHUNG IHRER WÜNSCHE HELFEN KANN

Selbstverständlich möchte Gabriel, dass Sie ein glückliches, erfülltes Leben führen. Wenn Sie sich jedoch ständig Dinge wünschen, die unerreichbar sind, werden Sie wohl kaum glücklich. Wie gut, dass Gabriel Ihnen durch Ihren Stein helfen kann, diese Ziele zu erreichen.

Halten Sie Ihren Stein ein paar Minuten in der Hand und werden Sie sich dabei in Gedanken genau darüber klar, was Sie erreichen möchten. Sobald Ihnen das klar vor Augen steht, halten Sie Ihren Stein vor Ihr Drittes Auge, an der Stelle dicht über und zwischen den Augenbrauen. Dort liegt Ihr sechstes Chakra. Darüber sprechen wir im nächsten Kapitel eingehender.

Denken Sie an Ihren Wunsch. Schließen Sie die Augen und visualisieren Sie ihn so deutlich wie nur möglich. Malen Sie sich vor Ihrem geistigen Auge aus, dass Sie dieses Ziel bereits erreicht haben.

Wenn Sie zum Beispiel ein neues Auto kaufen möchten, dann stellen Sie sich vor, wie Sie zum Autohändler gehen und den Wagen Probe fahren. Sehen Sie sich dann zurückkommen, den Wagen bezahlen und schließlich mit dem Wagen nach Hause fahren. Spüren Sie es mit möglichst vielen Sinnen. Genießen Sie den Geruch eines fabrikneuen Autos. Spüren Sie, wie sanft es sich fährt. Ein Freund von mir hat neulich einen neuen Wagen gekauft, und als ich ihn fragte, warum er gerade dieses Auto gekauft habe, sagte er: „Weil ich mich darin wohl fühle." Fühlen Sie sich wohl, wenn Sie mit Ihrem neuen Auto nach Hause fahren.

Danken Sie zum Schluss Gabriel dafür, dass er Ihnen ermöglicht, Ihre Ziele zu erreichen. Spüren Sie diesen Gefühlen immer dann, wenn Sie diesen Stein zur Hand nehmen, kurz noch einmal nach. Wiederholen Sie diese Übung regelmäßig, bis Sie Ihr Ziel erreicht haben. Vergessen Sie nicht, Gabriel stets zu danken, wenn Sie diese Übung ausführen, und besonders dann, wenn Sie Ihr Ziel erreicht haben.

DEN STEIN ZUR REINIGUNG VERWENDEN

Die Energien in Ihrem Stein können Ihnen helfen, sich zu reinigen, Negatives aus der Vergangenheit loszulassen und inneren Frieden zu finden. Besonders bemerkenswert ist an einem Gabriel geweihten Stein, dass dies meist ganz von selbst geschieht, wenn Sie Ihren Stein immer bei sich tragen. Es wird immer noch manches Unverarbeitete aus der Erinnerung hochsteigen, aber nicht mehr mit derselben Intensität wie zuvor. Sie können es nun in Ruhe anschauen und entlassen, da Sie es nicht mehr mit sich herumtragen wollen.

Es gibt eine Übung, mit der Sie diesen Vorgang noch beschleunigen können. Zwar kann man diese Übung notfalls in gerade einmal zehn Minuten durchführen, am besten aber nehmen Sie sich dafür eine Stunde Zeit, weil sie vorher nie wissen können, welche Themen dabei in Ihnen aufsteigen werden.

Legen Sie sich irgendwo hin, wo Sie nicht gestört werden, Ihren Stein auf der Herzgegend. Die Spitze sollte zu Ihrem Kinn zeigen. Entspannen Sie sich und denken Sie an etwas Erfreuliches. Nach etwa ein bis zwei Minuten werden plötzlich eine Reihe unbearbeiteter Verletzungen und Traumata in Ihnen aufsteigen. Das löst wahrscheinlich heftige Gefühle aus. Lassen Sie diesen Gefühlen freien Lauf. Weinen Sie, schreien Sie, treten Sie um sich und tun Sie alles, was nötig ist, um diese Gefühle abzubauen. Sie werden feststellen, dass sie so schnell wieder verschwinden, wie sie gekommen sind.

Stehen Sie danach nicht zu schnell wieder auf. Lassen Sie alle Verletzungen und allen Groll los, die aufgetaucht sind. Sprechen Sie laut, wenn Sie mögen, etwa Folgendes: „Ich lasse jetzt alles Negative los, das sich in mir aufgestaut hat. Ich bin nun an Gedanken, Körper und Geist gereinigt. Danke, Gabriel, dass Du meine Gedanken, meinen Körper und meinen Geist von (was es auch war) gereinigt hast. Ich liebe mich. Ich nehme mich bedingungslos an. Ich bin ein vollkommener Mensch."

Denken Sie noch einmal an das, was geschehen ist, und danken Sie Gabriel dafür, dass er Sie hat rein und heil werden lassen. Sobald Sie bereit sind, stehen Sie auf und wenden Sie sich wieder Ihrer normalen Tätigkeit zu. Wahrscheinlich fühlen Sie sich jetzt leichter, freier und sehr viel glücklicher als vor der Übung. Nehmen Sie den Stein in beide Hände, danken Sie ihm und lassen Sie Gabriels Energie in Ihre Hände und Ihren Körper strömen, bis Sie ganz davon erfüllt sind.

Einige meiner Kursteilnehmerinnen hatten keinen Erfolg, als sie diese Übung zum ersten Mal ausführten. Das hat mich überrascht, denn einige benötigten eine Reinigung nach einem Sexualverbrechen oder einem Wohnungseinbruch. Aber als ich ein wenig darüber nachdachte, wurde mir die Lösung klar. Diese Menschen hielten unbewusst an der Verletzung und dem Schmerz fest. Wenn das auch auf Sie zutrifft, dann führen Sie diese Übung so lange regelmäßig durch, bis Sie Erleichterung verspüren. Ihr Stein ist angefüllt mit Gabriels Liebe und Energie und wird dafür sorgen, dass Reinigung geschieht, auch wenn es länger dauern mag, als Sie es sich wünschen.

Zwei Übungen in diesem Kapitel bezogen die Chakras mit ein. Wie Gabriel Ihnen im Hinblick auf Ihre Chakras helfen kann, sehen wir im nächsten Kapitel.

9

GABRIEL UND DIE CHAKRAS

Der menschliche Körper ist ein komplexes Energienetzwerk. In der Aura entlang der Wirbelsäule liegen sieben Energiezentren oder Batterien, die sogenannten Chakras. Sie spielen eine wichtige Rolle für die Funktionen sämtlicher Körperteile und werden von unseren Gedanken und Gefühlen beeinflusst. Sind sie im Gleichgewicht und arbeiten sie störungsfrei, ist das Leben leicht, und wir sind glücklich, zufrieden und gesund. Gerät eines oder mehrere Chakras aus dem Gleichgewicht oder werden sie gar blockiert, funktioniert auch der Körper nicht mehr richtig, und wir entwickeln psychische und/oder körperliche Beschwerden.

Zwar kann man die Existenz der Chakras nicht körperlich nachweisen, aber Hellsichtige nehmen sie als wirbelnde Energiekreise wahr. Entsprechend stammt das Wort *Chakra* vom Sanskrit-Wort für „Rad". Obwohl die meisten Menschen sie nicht sehen können, lässt sich ihre Existenz einfach veranschaulichen. Wenn Sie zum Beispiel etwas nicht ausdrücken können, dann spüren Sie oft einen Knoten im Hals. Dort sitzt das Kehlkopf-Chakra, das für die Kommunikation zuständig ist. Einen Augenblick reiner Liebe spüren Sie in Ihrer Herzgegend. Wie nicht anders zu erwarten, ist das Herz-Chakra mit der Liebe befasst. Die Schlüsselworte für jedes Chakra finden Sie weiter unten. Sprechen Sie sich diese Worte vor und probieren Sie aus, ob Sie spüren, wie Ihr Körper darauf reagiert.

Dies sind die sieben Chakras:

WURZEL-CHAKRA

Farbe: Rot
Schlüsselworte: Ich habe.
Erzengel: Sandalphon
Element: Erde

Das Wurzel-Chakra wird zuweilen auch als das Basis-Chakra bezeichnet. Es sitzt am unteren Ende der Wirbelsäule und sorgt für unsere Erdung. Im Wurzel-Chakra geht es um Sicherheit und Überleben. Sobald für das unmittelbare Überleben gesorgt ist, können wir uns anderen Aspekten unseres Lebens zuwenden.

SAKRAL-CHAKRA

Farbe: Orange
Schlüsselworte: Ich will, ich spüre, ich wünsche.
Erzengel: Gabriel, Chamuel.
Element: Wasser

Das Sakral-Chakra liegt zwischen Bauchnabel und Geschlechtsorganen. Es betrifft die Sexualität, die Emotionen, das Vergnügen und die Kreativität. Ist es blockiert, ist der betreffende Mensch wahrscheinlich lüstern, zornig, gierig und übermäßig gefühlsbetont. Weil dieses Chakra mit dem Element Wasser verbunden ist, weinen manche Menschen mit blockiertem Sakral-Chakra sehr leicht.

SOLARPLEXUS-CHAKRA

Farbe: Gelb
Schlüsselworte: Ich kann, ich werde.
Erzengel: Uriel, Michael, Jophiel.
Element: Feuer

Das Solarplexus-Chakra liegt etwas über dem Nabel. Es betrifft Selbstvertrauen, Mut, innere Kraft und körperliche Energie. Wenn wir nervös werden, fehlen uns Kraft oder Kontrollmöglichkeiten. Auch die „Schmetterlinge im Bauch" haben mit diesem Chakra zu tun.

HERZ-CHAKRA

Farbe: Grün und Rosa
Schlüsselworte: Ich liebe.
Erzengel: Raphael, Chamuel.
Element: Luft

Das Herz-Chakra liegt in Brustmitte in der Herzgegend. Hier geht es um Heilung, Liebe und Mitgefühl. Dieses Chakra ist häufig blockiert. Wenn jemand einen Verlust erleidet und die Trauerphase nicht vollständig abschließt, leidet dieses Chakra Schaden. Alle emotionalen Traumata verursachen Blockaden in diesem Chakra.

KEHLKOPF-CHAKRA

Farbe: Blau
Schlüsselworte: Ich spreche.
Erzengel: Michael
Element: Klang

Das Kehlkopf-Chakra sitzt in der Mitte der Kehle. Es sorgt für Kreativität und Kommunikation, insbesondere verbale Kommunikation. Ist dieses Chakra blockiert, werden wir schüchtern und wortkarg. Ist es umgekehrt sehr weit offen, reden wir zuviel und vergessen zuzuhören.

STIRN-CHAKRA

Farbe: Indigo
Schlüsselworte: Ich sehe.
Erzengel: Gabriel, Jophiel.
Element: Licht

Das Stirn-Chakra sitzt zwischen den Augenbrauen. Es wird auch als das Dritte Auge bezeichnet und gilt der medialen und intuitiven Wahrnehmung. Außerdem steht es in Verbindung mit Weisheit, Gedächtnis, höherem Bewusstsein, Träumen und Visionen.

KRONEN-CHAKRA

Farbe: Violett
Schlüsselworte: Ich weiß.
Erzengel: Zadkiel
Element: Denken

Das Kronen-Chakra sitzt an der höchsten Stelle des Kopfes. Es ist unsere Verbindung zum Göttlichen. Es betrifft Bewusstsein, Verständnis, Akzeptanz und Achtsamkeit. Informationen fließen in dieses Chakra und werden von hier aus an alle anderen verteilt, wo sie ihre Wirkung entfalten.

Viele Menschen konzentrieren sich unbewusst auf ein oder zwei Chakras und vernachlässigen die anderen. Wer auf das zweite und dritte Chakra (Sexualität und körperliche Energie) fokussiert ist, dem wird es in erster Linie um Macht, Herrschaftsansprüche und sexuelle Eroberungen gehen. Er oder sie hat ein geradezu verzweifeltes Verlangen, immer Sieger zu sein.

Wer aufs Wurzel-Chakra fixiert ist, dem geht es einzig um das Überleben. Er oder sie kümmert sich ausschließlich um Nahrung, Unterkunft und andere Grundbedürfnisse. Vom Sakral-Chakra geprägten Menschen geht es um die Befriedigung der Sinne, um Essen, Sex, Besitz und Wohlstand. Sie sorgen sich größtenteils um emotionale Bedürfnisse. Bei wem sich alles auf das Solarplexus-Chakra konzentriert, der ist aggressiv und impulsiv. Spirituelle oder andere höhere Dinge interessieren solche Menschen kaum.

Menschen, die auf die höheren Chakras ausgerichtet sind, haben angenehmere Eigenschaften. Wer auf das Herz-Chakra ausgerichtet ist, schenkt allen Menschen bedingungslose Liebe und nimmt sie auch an. Auf das Kehlkopf-Chakra ausgerichtete Menschen können sich sehr gut ausdrücken und sprechen deutlich aus, was sie als Wahrheit empfinden. Vom Stirn-Chakra bestimmte Menschen sind hoch intuitive Hellsichtige oder Visionäre. Sie sind weise und verfügen über bedeutende Erkenntnisse. Wer sich auf das Kronen-Chakra ausgerichtet hat, ist hoch spirituell.

Wahrscheinlich fallen Ihnen sofort viele Menschen ein, die von den niederen Chakras bestimmt werden, insbesondere von den beiden unteren. Sehr viel schwerer fällt es da schon, einen Menschen zu finden, dem es ausschließlich um eines der höheren Chakras geht. Für ein gutes und gesundes Leben müssen wir aber natürlich jedem Chakra die gleiche Aufmerksamkeit widmen.

DIE CHAKRAS AUSGLEICHEN

Es gibt viele Methoden zum Ausgleich der Chakras. Eine einfache Methode funktioniert mit einem Pendel. Ein Pendel ist ein kleines Gewicht an einem Faden oder einer Kette. Geeignet ist jedes kleine Gewicht. Meine Mutter verwendete immer ihren Ehering an einem kurzen Stück Faden. Aber Sie können natürlich auch in jedem Esoterik-Laden ein Pendel kaufen.

Wenn Sie Ihr Pendel haben, dann halten Sie es am Ende des Fadens oder der Kette zwischen Daumen und Zeigefinger Ihrer dominanten Hand. Stützen Sie den Ellbogen auf einen Tisch und lassen Sie das

Pendel etwa zwei bis drei Zentimeter über der Tischplatte schweben. Versetzen Sie das Pendel nun absichtlich in einen Schwung nach vorne und zurück und danach von einer Seite zur anderen. Lassen Sie es zum Schluss im Kreis schwingen, sowohl im als auch gegen den Uhrzeigersinn. So entwickeln Sie ein Gefühl für die vier verschiedenen Arten, auf die Ihr Pendel reagieren kann.

Halten Sie die Pendelbewegung mit Ihrer freien Hand an und fragen Sie dann laut: „Welche Bewegung heißt ‚ja'?" Wenn Sie vorher noch nie mit einem Pendel experimentiert haben, kann es ein oder zwei Minuten dauern, bevor das Pendel sich bewegt. Sobald Sie etwas Erfahrung haben, setzt die Bewegung sofort ein. Wenn die bejahende Antwort feststeht, fragen Sie: „Welche Bewegung heißt ‚nein'?" und dann „Welche Bewegung heißt ‚ich weiß es nicht'?" sowie schließlich „Welche Bewegung heißt ‚ich will nicht antworten'?"

Sobald Sie wissen, was die einzelnen Bewegungen bedeuten, können Sie Ihrem Pendel jede beliebige Frage stellen, die sich mit einer dieser vier Aussagen beantworten lässt. Fragen Sie Ihr Pendel zum Beispiel, ob Sie männlich sind. Sind Sie es, wird Ihr Pendel mit „ja" antworten, sind Sie es nicht, lautet die Antwort natürlich „nein". Es ist gut, wenn Sie sich zuerst einmal mit Fragen, deren Antwort Sie bereits kennen, selbst testen. So gewinnen Sie Vertrauen zu den Antworten, die Ihr Pendel Ihnen gibt.

Sobald Sie sich sicher fühlen, können Sie Fragen über alles Mögliche stellen. Wenn Sie Ihr Pendel zum Ausgleich Ihrer Chakras verwenden möchten, fragen Sie zum Beispiel: „Ist mein Wurzel-Chakra ausgeglichen?" Notieren Sie sich die Antworten und fragen Sie nach und nach jedes Chakra ab. Nehmen wir einmal an, Sie erhalten bei allen Chakras außer einem eine bejahende Antwort. Nehmen wir weiter an, das Solarplexus-Chakra ist unausgeglichen. Jetzt, da Sie das wissen, können Sie etwas dagegen tun. Fragen Sie das Pendel, ob das Chakra zu gering stimuliert ist. Lautet die

Antwort „Nein“, so heißt das selbstverständlich, dass dieses Chakra überstimuliert ist. Dennoch sollten Sie Ihr Pendel auch dazu befragen, um eine Bestätigung zu erhalten.

Sie wissen, dass die Farbe dieses Chakras gelb ist. Ist das Chakra zu wenig stimuliert, brauchen Sie mehr Gelb. Das erreichen Sie, wenn Sie Gelb in Ihrer Kleidung tragen, einen gelben Edelstein, wie etwa Citrin oder Calcit, bei sich haben oder gelbe Nahrung zu sich nehmen. Sie können auch eine Wand oder ein Bild betrachten, die überwiegend Gelb enthalten. Eine gute Methode ist es auch, die Augen zu schließen und sich vorzustellen, dass Sie die Farbe Gelb tief einatmen. Malen Sie sich aus, wie die gelbe Energie sich in Ihrem ganzen Körper, besonders aber in der Gegend Ihres Solarplexus-Chakras, verteilt. Halten Sie nach jedem Einatmen die Luft einige Sekunden lang an und atmen Sie dann langsam wieder aus. Wenn Sie das Gefühl haben, dass Sie genug gelbe Energie aufgenommen haben, was meist nach mehreren tiefen Atemzügen der Fall ist, testen Sie Ihre Chakras noch einmal. Tun Sie das so lange, bis das Pendel Ihnen eine positive Antwort gibt.

DIE CHAKRAS REINIGEN

Diese hochwirksame Übung schenkt Ihnen Wohlbefinden, Vitalität, strahlende Gesundheit und Zufriedenheit.

Setzen oder legen Sie sich still hin und atmen Sie ein paar Mal langsam und tief durch. Wenn Sie so weit sind, atmen Sie langsam und tief ein und visualisieren Sie, wie der Atem bis in die Gegend Ihres Wurzel-Chakras strömt. Spüren Sie, wie er das Chakra reinigt und füllt. Halten Sie den Atem mehrere Sekunden lang an und atmen Sie dann langsam wieder aus. Machen Sie das bei den übrigen Chakras genauso.

Wenn Sie damit fertig sind, können Sie zum nächsten Schritt übergehen. Visualisieren Sie, dass Sie reine rote Energie einatmen und schicken Sie diese hinunter in Ihr Wurzel-Chakra. Halten Sie auch jetzt wieder den Atem kurz an und atmen Sie dann langsam aus. Atmen Sie noch ein zweites Mal das Rot tief ein und schicken Sie es zum Wurzel-Chakra. Langsam ausatmen.

Atmen Sie nun zweimal orangefarbene Energie ein und senden Sie sie ins Sakral-Chakra. Verfahren Sie mit allen anderen Chakras entsprechend. Wenn Sie damit fertig sind, haben Sie alle Farben des Regenbogens in Ihre Chakras aufgenommen.

GABRIEL UND DAS SAKRAL-CHAKRA

Gabriel hat wegen seines Interesses an Reinigung einen Bezug zum Sakral-Chakra. Wenn Sie sexuell missbraucht wurden oder ständig negative sexuelle Gedanken haben, kann Gabriel Ihnen helfen, dieses Chakra zu harmonisieren. Auch wenn Ihr Körper voller Gifte steckt, kann Gabriel sie mit Hilfe dieses Chakras auflösen. Weil das Sakral-Chakra dem Element Wasser verbunden ist, ist es unerheblich, an welcher Stelle Ihres Körpers sich diese Gifte befinden. Haben Sie sich zu viele Probleme aufgeladen, die eigentlich gar nicht die Ihren sind, so kann Gabriel sie mit Hilfe dieses Chakras eliminieren. Ist Ihre gesamte Lebenseinstellung negativ, so kann Gabriel dieses Chakra stimulieren, damit Sie wieder Freude am Leben finden.

Wenn Sie diese Schwierigkeiten los werden möchten, müssen Sie ein Ritual entwerfen. Was Sie im Einzelnen tun, bleibt vollkommen Ihnen überlassen. Das Wichtigste ist aber, dass Sie sich dabei mit orangefarbener Energie umgeben und dann mit Gabriel sprechen. Vielleicht beginnen Sie mit einem orangefarbenen Schaumbad, um sich körperlich zu reinigen. Wenn Ihnen das nicht möglich ist, können Sie sich vielleicht mit orangefarbener Seife waschen. Möglicherweise können Sie für dieses Ritual sogar orangefarbene Kleidung oder eine orange Robe tragen. (Ein Freund von mir hat sieben

Roben, eine in jeder Farbe des Regenbogens. Immer, wenn er das Bedürfnis nach einer bestimmten Farbe hat, trägt er die entsprechende Robe, bis er sich wieder ausgeglichen fühlt.)

Verwenden Sie möglichst mindestens eine orangefarbene Kerze. Stellen Sie ein paar Gegenstände zusammen, die orange sind und Ihnen gefallen. Das können orangefarbenes Obst oder Gemüse sein, aber auch orangefarbene Taschentücher oder Schals, wenn Ihnen das lieber ist. Vielleicht haben Sie sogar kleine orangefarbene Deko-Gegenstände, die Sie dazu verwenden können.

Ordnen Sie diese Dinge kreisförmig an. Der Kreis sollte so groß sein, dass Sie darin sitzen oder liegen können. Tragen Sie Ihre orangefarbene Robe, wenn Sie eine haben. Wenn nicht, tragen Sie bequeme, lose sitzende Kleidung oder arbeiten Sie im Himmelskleid.

Zünden Sie die Kerzen an, so Sie welche verwenden. Da Sie während des Rituals die Augen überwiegend geschlossen haben, sollten die Kerzen unbedingt in sicheren Kerzenhaltern stehen.

Machen Sie es sich in der Mitte Ihres Kreises bequem. Schließen Sie die Augen und denken Sie an die Farbe Orange. Achten Sie auf die Assoziationen, die sich einstellen, etwa Freundlichkeit, Kreativität, Selbstvertrauen und andere positive Begriffe. Weil Sie aber Schweres durchgemacht haben, kann es genauso gut sein, dass Ihnen zu dieser Farbe negative Gedanken kommen. Vielleicht empfinden Sie großes Selbstmitleid sowie Abscheu und Ekel vor sich selbst. Solche Gefühle sind in Ordnung, schließlich will dieses Ritual Ihnen helfen, sie los zu werden.

Wenn keine neuen Vorstellungen mehr kommen, konzentrieren Sie sich darauf, Ihren Körper so weit wie möglich zu entspannen. Sobald Sie völlig entspannt sind, bitten Sie Gabriel, zu Ihnen zu kommen. Begrüßen Sie ihn, wenn Sie spüren, dass er da ist. Sprechen Sie nach Möglichkeit laut mit ihm. Erklären Sie ihm, warum Sie sich in einem orangefarbenen Kreis befinden und sagen

Sie ihm, was Sie sich wünschen. (Die Schlüsselworte für das Sakral-Chakra sind: „Ich wünsche".) Es ist vollkommen in Ordnung, wenn Sie im Gespräch mit Gabriel Ihre Gefühle ausdrücken. Erzählen Sie ihm alles, was geschehen ist und weshalb Sie sich jetzt so fühlen. Vielleicht fällt es Ihnen schwer, das alles in Worte zu kleiden, aber Gabriel wird Sie verstehen.

Der nächste Schritt kann schwierig werden. Nun müssen Sie allen vergeben, die mit dem zu tun haben, was Ihnen widerfahren ist. Sie können erst dann wieder nach vorne schauen, wenn Sie die Vergangenheit losgelassen haben. Deshalb ist dieser Schritt so wichtig. Wenn Ihnen das noch nicht möglich ist, danken Sie Gabriel für seine Hilfe und sagen Sie ihm, dass Sie dieses Ritual später noch einmal vollziehen werden. Es ist vollkommen gleich, ob Sie dieses Ritual nur ein einziges oder zwanzig Mal ausführen. Wichtig ist nur, dass Sie sich von der schweren Last befreien, die Sie mit sich herumgetragen haben. Aufs große Ganze gesehen, kommt es dabei auf einen Tag, eine Woche oder einen Monat länger wirklich nicht an.

Wenn es Ihnen gelungen ist, jedem ehrlich und aufrichtig zu vergeben, können Sie mit dem Ritual fortfahren.

Atmen Sie langsam und tief durch und konzentrieren Sie sich dabei auf Ihr Wurzel-Chakra. Visualisieren Sie, dass Sie mit erdender, regenerierender und revitalisierender roter Energie erfüllt werden. Konzentrieren Sie sich beim zweiten tiefen Atemzug auf Ihr Sakral-Chakra und stellen Sie sich vor, dass Sie mit reinigender, stärkender orangefarbener Energie erfüllt werden. Richten Sie Ihre Aufmerksamkeit beim dritten tiefen Atemzug auf Ihr Solarplexus-Chakra und stellen Sie sich dieses Mal vor, dass die lebensspendende Farbe der Sonne Sie erfüllt. Beim vierten tiefen Atemzug konzentrieren Sie sich auf Ihr Herz-Chakra und spüren, wie Sie von einer liebevollen, heilenden Energie erfüllt werden, die wie Balsam auf Ihren ganzen Körper wirkt. Konzentrieren Sie sich beim fünften tiefen Atemzug auf Ihr Kehlkopf-Chakra und füllen Sie sich dabei mit blauer Energie an, dank der Sie jederzeit frei und offen sprechen können. Wenden Sie sich beim nächsten Atemzug Ihrem Dritten Auge zu und füllen Sie sich dabei mit der indigofarbenen Energie der Hellsichtigkeit an. Richten Sie die Aufmerksamkeit zuletzt auf Ihr Kronen-Chakra und atmen Sie dabei reine violette Energie ein. Spüren Sie, dass Sie alles im Universum lieben, und fühlen Sie sich ebenfalls geliebt.

Bitten Sie Gabriel zum Abschluss um göttliche Vergebung, für Sie selbst und alle Menschen auf diesem Planeten. Bleiben Sie noch einige Minuten ruhig sitzen oder liegen und erkennen Sie, dass Sie im Licht leben und sowohl Ihr spirituelles als auch Ihr physisches Selbst Teil des Ewigen sind. Ihr physischer Körper wird eines Tages sterben, aber Ihr spirituelles Selbst ist unsterblich. Mit Gabriels Hilfe können Sie alles erreichen.

Visualisieren Sie vor dem Aufstehen den Kreis orangefarbener Gegenstände um Sie herum. Spüren Sie ihre Energie und freuen Sie sich an dem Wissen, dass Sie nun gereinigt und an Körper, Geist und Seele erneuert sind. Lassen Sie in Ihrer Vorstellung einen Kreis aus weißem Licht herabkommen und in jede Zelle Ihres Körpers dringen. Das stellt das innere Gleichgewicht in Ihrem Körper wieder her, für den Fall, dass Sie von einer Farbe zuviel aufgenommen haben sollten. Danken Sie Gabriel für seine Hilfe. Atmen Sie dreimal langsam und tief durch und öffnen Sie dann die Augen.

Möglicherweise sind Sie nach diesem Erlebnis leicht benommen. Wenn das so ist, dann berühren Sie den Boden mit den Händen, umarmen Sie einen Baum oder nehmen Sie Ihren Stein ein paar Minuten lang in die Hand, bis Sie sich ruhig und entspannt fühlen. Sobald Sie so weit sind, wenden Sie sich wieder Ihrer normalen Tätigkeit zu.

DAS STIRN-CHAKRA

Gabriel behütet auch das Stirn-Chakra. Man nennt es das Dritte Auge oder das Chakra des Christus-Bewusstseins. Im Osten heißt es *Ajna*, ein Wort aus dem Sanskrit, das „wahrnehmen" bedeutet. Das Stirn-Chakra ist Ihr mediales Zentrum. Gabriel hilft Ihnen, Ihr Drittes Auge zu öffnen, damit Sie Visionen entwickeln und Erkenntnisse gewinnen können. Er hilft Ihnen bei der Entwicklung Ihrer Fähigkeit zu Telepathie, Hellsichtigkeit und Präkognition. Über dieses Chakra kann er Ihnen außerdem regelmäßig Führung schenken.

Für die folgende Übung sollten Sie entweder stehen oder auf einem Stuhl mit gerader Rückenlehne sitzen. Manche lehnen sich gerne an, während andere lieber auf der Stuhlkante sitzen. Wichtig ist, dass Ihre Wirbelsäule bei dieser Übung gerade ist.

Schließen Sie die Augen und atmen Sie dreimal langsam und tief durch. Das Ausatmen sollte jedesmal wie ein Seufzer klingen. Umgeben Sie sich im Geist mit reinem weißen Licht und genießen Sie das Gefühl der Wärme, der Sicherheit und des Schutzes, das es Ihnen vermittelt. Visualisieren Sie eine kleine Kugel violetter Energie, die vom Himmel herabschwebt und an der höchsten Stelle Ihres Kopfes in Ihren Körper dringt. Spüren Sie, wie sie in der Mitte Ihres Kopfes, etwa auf der Höhe Ihres Stirn-Chakras, zur Ruhe kommt. Spüren Sie, wie diese Energie Ihr Stirn-Chakra kräftigt und stärkt und es dabei mit reinem violetten Licht und mit Energie erfüllt.

Sobald Sie bereit sind, bitten Sie Gabriel zu sich. Danken Sie ihm für alle Segnungen, die er Ihnen schon geschenkt hat, und bitten Sie ihn, Ihnen bei der Entwicklung Ihrer intuitiven Wahrnehmung zu helfen. Seine Antwort werden Sie im Stirn-Chakra spüren.

Wenn Sie eine bejahende Antwort erhalten haben, reiben Sie dreißig Sekunden lang kräftig die Handflächen aneinander und legen

Sie sie dann jeweils über ein Auge. Ihre Augen bleiben dabei geschlossen. Öffnen Sie nach dreißig Sekunden die Augen und nehmen Sie langsam die Hände vom Gesicht. Möglicherweise sehen Sie jetzt das weiße Licht, mit dem Sie sich umgeben haben, vielleicht sogar Gabriel. Sehr wahrscheinlich spüren Sie eine bestimmte Empfindung in Ihrem Dritten Auge, nämlich die Gewissheit, dass Sie nun weit über die physische Welt hinaussehen können und Zugang zu weitergehenden Erkenntnissen und Wahrnehmungen haben, wann immer Sie möchten.

Schließen Sie die Augen wieder und lenken Sie Ihre ganze Aufmerksamkeit auf Ihr Stirn-Chakra. Denken Sie an etwas, das Sie nächste Woche tun werden. Dies sollte möglichst eine angenehme Tätigkeit sein. Malen Sie sich das ganze Geschehen vor Ihrem geistigen Auge aus und stellen Sie sich dabei alles genau so vor, wie Sie es gerne hätten.

Lassen Sie das Ganze danach wieder los und wenden Sie sich wieder der Gegenwart zu. Visualisieren Sie einen Strahl weißen Lichtes, der an der höchsten Stelle Ihres Kopfes in Ihren Körper eindringt und dann Chakra für Chakra hinuntersteigt und sie dabei wäscht und reinigt. Danken Sie Gabriel für die Gaben der Vision, der Klarheit, der Hellsichtigkeit und der Präkognition. Danken Sie ihm dafür, dass er bereit ist, Ihnen bei der Deutung Ihrer Visionen, Träume und medialen Wahrnehmungen zu helfen; und danken Sie ihm zum Abschluss dafür, dass er immer für Sie da ist.

Wenn Sie so weit sind, öffnen Sie die Augen. Lassen Sie sich ein paar Minuten Zeit, bis Sie wieder im Alltag angekommen sind, und wenden Sie sich dann Ihrer normalen Tätigkeit zu.

Diese Übung können Sie so oft wiederholen, wie Sie möchten. Achten Sie dabei besonders auf das künftige Ereignis, das Sie visualisiert haben und darauf, ob alles genauso verlaufen ist wie in der Meditation. Ihre Wahrnehmung wird von Mal zu Mal genauer werden.

Im nächsten Kapitel befassen wir uns mit Gabriels Rolle in der Kabbala. Der kabbalistische Lebensbaum ist ein Symbol, das Gott, die Menschen, die Engel und andere Wesen miteinander verbindet. Alle vier Erzengel spielen darin eine wichtige Rolle.

10

GABRIEL UND DIE KABBALA

Die Kabbala ist ein esoterisches System aus der jüdischen Mystik und dazu gedacht, Gotteserkenntnis zu erlangen. Das Wort *Kabbala* kommt aus dem Hebräischen und bedeutet *was empfangen wurde*. Niemand weiß, woher sie ursprünglich stammt, wenngleich zwei faszinierende Geschichten über ihren möglichen Ursprung überliefert sind. Meine Lieblingsversion ist die, wonach Gabriel die Kabbala im Garten Eden an Adam weitergab. Die andere Version lautet, der Erzengel Metatron habe sie Moses übermittelt. In beiden Fällen stammt sie also ursprünglich aus dem Engelreich. Leider aber sind beide Versionen unrichtig. Die Kabbala wurde aus einer mündlichen Überlieferung mit der Bezeichnung *Merkaba* entwickelt, die bis ins erste Jahrhundert unserer Zeitrechung zurückreicht und in der man über den göttlichen Thron oder Wagen (Merkaba) kontemplierte, den Hesekiel in seiner Vision gesehen hat (Hesekiel 1, 1–28).

Irgendwann zwischen dem dritten und dem sechsten Jahrhundert erschien das *Sefer Jezirah* oder das *Buch der Schöpfung*. Dieses Buch lehrte, die Schöpfung sei dadurch entstanden, dass zehn Emanationen, die Sephiroth, sich mit den zweiundzwanzig Buchstaben des hebräischen Alphabets mischten. Dies sind die *32 Pfade der geheimen Weisheit*, die zusammengenommen den sogenannten Lebensbaum ergeben. Erstaunlicherweise lässt sich an diesem einfachen Bild des Lebensbaums das gesamte Universum erklären.

Der Lebensbaum besteht aus zehn Sephiroth oder Sphären, die durch zweiundzwanzig Pfade oder Linien untereinander verbunden sind. Das Wort *Sephiroth* (*Sephirah* im Singular) kommt vom hebräischen Wort für *Saphir* und wurde vermutlich gewählt, um die strahlende Herrlichkeit Gottes zu veranschaulichen. Die zehn Sphären stehen symbolisch für Stufen des Seins, die zweiundzwanzig Pfade für Stufen des Werdens. Die Symbolik des Lebensbaums entwickelte sich im Lauf der Jahrhunderte nach und nach weiter und erschien 1652 zum ersten Mal in ihrer endgültigen Form.

Der Baum hat drei Säulen. Auf der linken Seite steht die Säule der Strenge, die passiv und negativ ist. Rechts steht die positive und aktive Säule der Barmherzigkeit. Die mittlere Säule der Milde ist der Weg der Mitte oder das Gleichgewicht. Dieser steht für einen Lebensweg, der beide Extreme anerkennt, sich ihnen aber nicht unterwirft.

Zu jeder Sephirah gibt es bestimmte Zuordnungen:

1. Kether, die Krone.
   Erzengel: Metatron, Engel der Gegenwart
   Höchste Engelwelt: Gott
   Planet: Uranus.
   Sternzeichen: Wassermann.
   Edelstein: Diamant.

2. Chockmah, Weisheit
   Erzengel: Raziel, der Gesandte Gottes
   Höchste Engelwelt: Seraphim
   Planet: Pluto
   Sternzeichen: Skorpion
   Edelstein: Türkis. Der große Vater.

3. Binah, Verständnis
   Erzengel: Zaphkiel, der Betrachter Gottes

Höchste Engelwelt: Cherubim
Planet: Neptun
Sternzeichen: Fische
Edelstein: Perle. Die große Mutter.

4. Chesed, Barmherzigkeit
   Erzengel: Zadkiel, der Gerechte Gottes
   Höchste Engelwelt: Throne
   Planet: Jupiter
   Sternzeichen: Schütze
   Edelstein: Saphir

5. Geburah, Stärke
   Erzengel: Chamael, der Gestrenge Gottes
   Höchste Engelwelt: Herrschaften
   Planet: Mars
   Sternzeichen: Widder
   Edelstein: Rubin

6. Tiphareth, Schönheit
   Erzengel: Michael, der wie Gott ist (auch Raphael, der Heiler Gottes)
   Höchste Engelwelt: Tugenden
   Planet: Sonne
   Sternzeichen: Löwe
   Edelstein: Topas

7. Netzach, Sieg
   Erzengel: Haniel, das Wohlgefallen Gottes (auch Uriel, das Licht Gottes)
   Höchste Engelwelt: Mächte
   Planet: Venus

Sternzeichen: Stier und Waage
Edelstein: Smaragd

8. Hod, Glanz
Erzengel: Michael, der wie Gott ist (auch Raphael, der Heiler Gottes)
Höchste Engelwelt: Fürstentümer
Planet: Merkur
Sternzeichen: Zwillinge und Jungfrau
Edelstein: Opal

9. Yesod, Fundament
Erzengel: Gabriel, die Stärke Gottes
Höchste Engelwelt: Erzengel
Planet: Mond
Sternzeichen: Krebs
Edelstein: Quarz

10. Malkuth, Königreich
Erzengel: Sandalphon, Weltenfürst auf Erden
Höchste Engelwelt: Engel
Planet: Saturn
Sternzeichen: Steinbock
Edelstein: Bergkristall.

Um die Sache noch etwas komplizierter zu machen, existiert jede Sephirah in vier verschiedenen Welten. Es gibt *Assiah*, die materielle Welt, in der wir alle leben. Wie nicht anders zu erwarten, ist Erde das Element von *Assiah*. *Jetzirah*, die formgebende Welt, ist eine Stufe höher und das Reich der Engel. *Jetzirahs* Element ist die Luft. *Briah* ist die schöpferische, empfangende Welt, die Heimat der Erzengel. *Briahs* Element ist Wasser. Und *Atziluth* schließlich, die archetypische Welt, ist das Reich Gottes. Ihr Element ist das Feuer.

Wichtig ist, dass diese vier Welten auch in jeder Sephirah existieren; denn es heißt, dass Engel, Erzengel und Gott in Malkuth, am untersten Ende des Lebensbaums, ganz genau so zu finden sind wie in Kether, der höchsten Sephirah.

Der *Hermetic Order of the Golden Dawn* entwickelte eigene farbliche Entsprechungen zu jeder der vier Welten:

ATZILUTH:

1. Kether, die Krone: Weißes Strahlen
2. Chokmah, Weisheit: Himmelblau
3. Binah, Verständnis: Purpur
4. Chesed, Barmherzigkeit: Dunkelviolett
5. Geburah, Stärke: Orange
6. Tiphareth, Schönheit: Klares, kräftiges Rosa
7. Netzach, Sieg: Bernstein
8. Hod, Glanz: Violett
9. Yesod, Fundament: Indigo
10. Malkuth, das Königreich: Gelb

BRIAH

1. Kether, die Krone: Weißes Strahlen
2. Chokmah, Weisheit: Grau
3. Binah, Verständnis: Schwarz
4. Chesed, Barmherzigkeit: Blau
5. Geburah, Stärke: Scharlachrot
6. Tiphareth, Schönheit: Gelb
7. Netzach, Sieg: Smaragd
8. Hod, Glanz: Orange

9. Yesod, Fundament: Violett
10. Malkuth, das Königreich: Citrin

JETZIRAH

1. Kether, die Krone: Weißes Strahlen
2. Chokmah, Weisheit: Perlmuttgrau
3. Binah, Verständnis: Braun
4. Chesed, Barmherzigkeit: Dunkellila
5. Geburah, Stärke: Helles Scharlachrot
6. Tiphareth, Schönheit: Lachs
7. Netzach, Sieg: Gelbgrün
8. Hod, Glanz: rötliches Rotbraun
9. Yesod, Fundament: tiefes Dunkelblau
10. Malkuth, das Königreich: Citrin, Gold mit schwarzen Sprenkeln

ASSIAH

1. Kether, die Krone: Weiß, gold gesprenkelt
2. Chokmah, Weisheit: Weiß, rot, blau und gelb gesprenkelt
3. Binah, Verständnis: Grau, rosa gesprenkelt
4. Chesed, Barmherzigkeit: dunkles Azur, gelb gesprenkelt
5. Geburah, Stärke: Rot, schwarz gesprenkelt
6. Tiphareth, Schönheit: goldenes Bernstein
7. Netzach, Sieg: Oliv, gold gesprenkelt
8. Hod, Glanz: Gelbbraun, weiß gesprenkelt
9. Yesod, Fundament: Citrin, azurblau gesprenkelt
10. Malkuth, das Königreich: Schwarz mit gelben Strahlen

DIE BLITZENDEN TAFELN

Nach der kabbalistischen Philosophie kommt alles ursprünglich aus einem unmanifestierten Zustand, den der menschliche Verstand nicht zu fassen vermag. Aus dieser negativen Leere kamen die zehn positiven Sephiroth oder Seinsstufen. Jede Sephirah ist mit allen anderen verbunden, aber zugleich einzigartig und in sich vollständig.

Den Augenblick der Schöpfung kann man sich so vorstellen, dass göttliche Energie durch den Lebensbaum auf einem Zick-Zack-Kurs, dem sogenannten Flammenschwert oder Lichtblitz, von Kether bis Malkuth herabstieg.

Von diesem Ur-Blitz stammen die *Blitzenden Tafeln*, die zur Meditation verwendet werden. Durch den Einsatz von Komplementärfarben erzeugen sie eine optische Täuschung, die vor den Augen zu „blitzen" scheint.

Diese Tafeln werden für gewöhnlich angefertigt, um allen, die sich damit beschäftigen, Zugang zur Energie der Sephiroth zu gewähren. Wenn wir jedoch eine Tafel herstellen, die für die Energien des von Gabriel regierten Yesod steht, können wir damit auch sofortigen Zugang zu ihm und seiner göttlichen Energie erlangen.

Dazu brauchen Sie einen Karton von etwa 20 mal 30 cm Größe. Zeichnen Sie darauf ein graphisches Symbol, das Ihnen gefällt. In gewissem Sinne ist dies eine Art Mandala, deshalb können Sie mit einem Kreis beginnen und dann etwas in diesen Kreis hineinzeichnen. Am besten ist eine neunseitige Figur in der Mitte eines Quadrats. Dies deshalb, weil Yesod die neunte Sephirah ist. Die Wahl ist Ihnen jedoch völlig selbst überlassen. Die Zeichnung sollte relativ schlicht sein, denn im nächsten Schritt wird sie angemalt. Wenn die Zeichnung fertig ist, malen Sie sie mit einem violetten Filzstift etwa zur Hälfte aus. Violett verwendet man deshalb, weil es die Farbe von Briah (der Heimat der Erzengel) in Yesod ist. Füllen Sie die übrigen Abschnitte mit citrinfarbenem oder hellgelbem Filzstift aus. Citrin ist die Farbe von Assiah, der materiellen Welt, in Yesod. Wenn Sie möchten, können Sie auch eine blitzende Tafel aus einem Buch verwenden, etwa aus *Die magische Pforte* von Soror A. L.[61]

Ist die Tafel fertig, muss sie geladen und geweiht werden. So wird sie gereinigt und ihrer Bestimmung gewidmet. Die beste Zeit, einen magischen Gegenstand zu weihen, der die Beziehung zu Gabriel fördern soll, ist Vollmond. Vollziehen Sie die Weihe wenn möglich im Freien unter dem Vollmond. Alternativ können Sie die Weihe auch drinnen an einem Fenster vollziehen, durch das Sie den Mond sehen können.

Alle vier Elemente werden zur Weihe verwendet. Sie benötigen etwas Salz oder frische Erde als Symbol des Elements Erde, ein Glas Wasser für das Element Wasser, Räucherstäbchen für die Luft und violette oder weiße Kerzen (so viele Sie möchten) für das Feuer.

Ordnen Sie alle Gegenstände vor sich an und zünden Sie Räucherstäbchen und Kerzen an. Halten Sie die Tafel so zum Mond, dass sie dem Mondlicht ausgesetzt ist. Legen Sie die Tafel vor sich hin und bitten Sie Gabriel, sie für Sie zu segnen. Warten Sie, bis Sie eine Reaktion spüren. Sprechen Sie dann laut: „Ich segne dich mit der Energie der Erde." Streuen Sie anschließend ein wenig Salz oder Erde über die Tafel. „Ich segne dich mit der Energie des Wassers." Tauchen Sie einen Finger in das Wasserglas und lassen Sie ein oder zwei Wassertropfen auf die Tafel fallen. „Ich segne dich mit der Energie des Feuers." Nehmen Sie die Tafel in die Hand und führen Sie sie im Uhrzeigersinn um eine Kerzenflamme. „Ich segne dich mit der Energie der Luft." Ziehen Sie die Tafel durch den Rauch des Räucherstäbchens.

Halten Sie sie Tafel wieder ins Mondlicht und sprechen Sie: „Danke (Gott, universelle Energie oder wem Sie eben danken möchten), dass du mir gestattest, diese Blitzende Tafel zu weihen und zu rei-

61 Soror A. L. *Die magische Pforte*, Bauer Verlag, Freiburg.

nigen. Ich widme diese Tafel dem Erzengel Gabriel. Ich werde sie nur zum Guten verwenden, und sie wird mir helfen, eine beständige enge Verbindung zu Gabriel aufrecht zu erhalten." Legen Sie die Tafel wieder ab und schauen Sie zum Mond. „Danke Gabriel, dass du immer für mich da bist."

Die Tafel ist nun geweiht und einsatzbereit. Das Ritual ist beendet, und die verwendeten Gegenstände müssen sorgfältig verwahrt werden. Wenn ich so etwas tue, lasse ich Kerze(n) und Räucherstäbchen manchmal noch ein Weilchen brennen.

Stellen Sie die Tafel in Augenhöhe auf und setzen Sie sich in einiger Entfernung davon bequem hin. Schließen Sie die Augen und visualisieren Sie sich von schützendem weißen Licht umgeben. Schauen Sie direkt in die Mitte der Tafel. Ganz von selbst werden Sie sich dabei auf die violette Farbe konzentrieren. Lassen Sie den Blick nicht zu den anderen Teilen der Zeichnung abschweifen. Schauen Sie nur ins Zentrum, selbst wenn Ihre Augen müde werden. Nach ein oder zwei Minuten entspannen sich Ihre Augenmuskeln, und Citrin wird zur dominanten Farbe. Sobald das geschieht, fangen die beiden Farben an, untereinander hin und her zu flackern, und Sie verstehen jetzt, warum diese Tafeln „Blitzende Tafeln" heißen.

Stellt sich der blitzende Effekt nach einigen Minuten nicht ein, schließen Sie die Augen. Jetzt sollten Sie vor Ihrem geistigen Auge ein Nachbild in Citrin sehen (also der Komplementärfarbe des Violett, auf das Sie geschaut haben). Geschieht das nicht, öffnen Sie die Augen und schauen Sie noch einmal dreißig Sekunden lang das Bild an und warten Sie dann ab, was geschieht. Haben Sie immer noch keinen Erfolg, probieren Sie aus, wie es ist, wenn Sie ein wenig näher oder, wenn nötig, etwas weiter weg sitzen.

Sobald sich der Blitzeffekt erst einmal eingestellt hat, werden Sie den Blick nur noch schwer halten können. Schauen Sie dennoch weiter in einer entspannten, kontemplativen Haltung auf das Bild. Nach ein paar Minuten werden Ihre Augen müde und fallen ganz von selbst zu. Vor Ihrem inneren Auge sehen Sie die Tafel immer noch. Visualisieren Sie, wie sie immer näher auf Sie zu kommt, bis Sie ganz darin aufgehen und vollständig davon umgeben sind.

Jetzt sind Sie in Yesod und können Ihr Gespräch mit Gabriel beginnen. Ihre Hellsichtigkeit in Verbindung mit der Magie der Blitzenden Tafel und der Tatsache, dass Sie in Yesod eingetreten sind, ermöglicht eine bemerkenswert intensive Begegnung mit Gabriel. Womöglich sehen Sie ihn sogar. Wenn Sie ihn sehen, werden Sie wahrscheinlich feststellen, dass er ganz anders aussieht, als Sie ihn sich vorgestellt haben. Das Element von Yesod ist Wasser, und die planetarische Entsprechung ist der Mond. Beides ist weiblich, deshalb kann Gabriel sehr weiblich wirken. In Yesod können Sie außerdem in Sekundenschnelle ein detailliertes, aufschlussreiches Gespräch mit ihm führen. Sie werden spüren, wie sehr ihm daran gelegen ist, dass Sie Ihre wahre Berufung finden, und womöglich gibt er Ihnen sogar Hinweise darauf. Wenn das Gespräch beendet ist, verschwindet Gabriel allmählich, und auch das Abbild der Tafel verblasst nach und nach vor Ihrem inneren Auge. Kommen Sie langsam mit Ihrer Aufmerksamkeit wieder in Ihre normale Umgebung zurück und öffnen Sie dann die Augen.

Die Mitglieder des Golden Dawn nutzten diese Tafeln, um ihre Hellsichtigkeit zu verbessern und Zugang zu der Sephirah zu erhalten, für welche die jeweils verwendete Tafel stand. War dies erfolgt, invozierten sie die Macht der Sephirah und baten um die Kraft, ein bestimmtes Ziel zu erreichen. Wir haben hier nur eine einzige Tafel verwendet, um eine engere Verbindung mit Gabriel herzustellen. Wenn Sie die Tafel eine Zeit lang genutzt haben, werden Sie wahrscheinlich wertvolle Erkenntnisse über Yesod gewonnen haben und sich womöglich intensiver mit der Kabbala und dem Lebensbaum beschäftigen wollen.[62]

62 Unter der Überfülle der Literatur zur Kabbala kann für den ersten Zugang empfohlen werden: Gerhard Wehr, *Kabbala*, Diederichs 2002.

Ihre Blitzende Tafel wurde geweiht, und nun haben Sie die Pflicht, pfleglich mit ihr umzugehen. Sie können Sie dauerhaft an einer Wand befestigen, damit Sie sie mehrmals am Tag sehen. Dies dient zugleich als stille Affirmation Ihres Vorhabens und macht es Ihnen leichter, ständig mit Gabriel in Verbindung zu bleiben. Weil Ihre Tafel jedoch geweiht wurde und deshalb respektvoll behandelt werden muss, sollten Sie sie sorgfältig verwahren, wenn sie nicht benutzt wird.

Wenn Sie die Tafel aus irgendeinem Grund irgendwann einmal entsorgen wollen, müssen Sie die Weihe wieder lösen. Legen Sie die Tafel dazu auf Ihren Altar oder Tisch. Stehen Sie nach Osten gerichtet und strecken Sie einen Arm vor sich aus. Sprechen Sie laut: „Möge der mächtige Erzengel Raphael mich segnen und mich vor allem Bösen behüten, das von Osten kommt."

Wenden Sie sich mit immer noch ausgestrecktem Arm nach Süden. „Möge der mächtige Erzengel Michael mich segnen und mich vor allem Bösen behüten, das von Süden kommt."

Wenden Sie sich nach Westen. „Möge der mächtige Erzengel Gabriel mich segnen und mich vor allem Bösen behüten, das von Westen kommt."

Wenden Sie sich nach Norden. „Möge der mächtige Erzengel Uriel mich segnen und mich vor allem Bösen behüten, das von Norden kommt."

Nehmen Sie die Tafel auf und halten Sie sie, beginnend im Osten, in alle vier Himmelsrichtungen. Legen Sie sie danach wieder auf Ihren Altar und sprechen Sie mit ihr. Danken Sie ihr aufrichtig für die Hilfe, die sie Ihnen war. Erklären Sie, warum Sie die Weihe aufheben. Vielleicht haben Sie eine neue Tafel angefertigt oder eine Möglichkeit der Kommunikation mit Gabriel gefunden, die Ihnen besser und leichter erscheint. Oder vielleicht macht Ihnen die Arbeit mit Blitzenden Tafeln einfach keinen Spaß. Der Grund selbst ist vollkommen gleichgültig, Sie müssen ihn der Tafel nur erklären.

Danken Sie schließlich den Erzengeln in umgekehrter Reihenfolge, beginnend mit Uriel im Norden, gefolgt von Gabriel, Michael und Raphael. Nun ist die Tafel entweiht, und Sie können sie verbrennen oder auf eine beliebige andere Art entsorgen, die Ihnen passend erscheint.

11

SCHLUSS

Gabriel ist seit jeher ein beliebter Erzengel. Das liegt an seinem femininen, fürsorglichen, intuitiven Wesen. Aber er ist nicht minder stark und mächtig als die anderen. Origenes nennt ihn in seiner Schrift *De Principis* (1, 18) den „Engel des Krieges". Im Laufe seines Werdegangs war er bereits der Engel der Rache und des Todes wie auch der Engel der Verkündigung und der Auferstehung. Der jüdischen Legende nach war Gabriel es, der Sodom und Gomorra zerstörte. Aber derselbe Gabriel war es auch, der Johanna von Orleans dazu brachte, zum König von Frankreich zu gehen und dem Dauphin zu helfen.

Meist denken wir an Gabriel als den Gottesboten. Von ebensolcher Wichtigkeit ist jedoch seine Rolle als Botschafter der Menschen. Deshalb ist er jederzeit bereit, uns zu helfen. Aber auch wir müssen unseren Teil dazu beitragen. Wir müssen uns sorgfältig bemühen, unsere Probleme selbst zu lösen. Zumeist brauchen wir Gabriels Hilfe gar nicht. Wir sollten ihn nur dann anrufen, wenn wir bei einem Problem nicht weiterkommen, das zu schwierig ist, als dass wir selber damit fertig werden könnten.

Natürlich sollten wir ihn anrufen, wenn wir Führung suchen. Aber auch hier sollte es wieder um etwas Wichtiges gehen. Es besteht keinerlei Notwendigkeit, Gabriel anzurufen, wenn wir nicht wissen, welchen Film wir uns am Samstagabend im Kino anschauen sollen. Etwas ganz anderes ist es hingegen, wenn Ihnen eine Stelle in einer anderen Stadt angeboten wurde und Sie nun unsicher sind, ob Sie das Angebot annehmen sollen oder nicht.

Reinigung ist ein weiteres Gebiet, auf dem Gabriel uns sehr helfen kann. Wenn Sie Reinigung benötigen, ganz gleich aus welchem Grund, dann zögern Sie nie, Gabriel um Hilfe zu bitten.

Der größte Vorteil einer guten Beziehung zu Gabriel liegt in den Erkenntnissen und Visionen, der Inspiration, der Hellsichtigkeit und der Gabe der Prophetie, die er bereitwillig schenkt.

Durch den Kontakt mit Gabriel wird Ihr Leben in jeder Hinsicht schöner. Wenn Sie ihn erst einmal kennengelernt haben, werden Sie sich selbstsicherer, kompetenter und auf allen Ebenen bewusster fühlen. Ich hoffe, dieses Buch konnte Ihnen dabei helfen, und das Experimentieren mit den Ideen und Übungen ermöglicht Ihnen eine gute, liebevolle und vertraute Beziehung zu Gabriel und dem gesamten Engelreich.

Mögen die Engel Sie segnen und Sie stets mit Güte und Liebe umgeben.

LITERATUREMPFEHLUNGEN

Allgemeine

Cunningham, Scott, *Das große Buch von Weihrauch, Aromaölen und magischen Rezepturen*, Goldmann, München 2001

Graham, Billy, *Engel, Gottes Geheimagenten*, Hänssler 2002

Judith, Anodea, *Lebensräder – Das große Chakren- Lehr- und Übungsbuch*; Goldmann, München 2004

Scholem, Gershom, *Zur Kabbala und ihrer Symbolik*, Suhrkamp Wissenschaft, Frankfurt 2001

Sitchin, Zecharia, *Begegnungen mit den Göttern,* Kopp, Rottenburg 2004

Soror A. L., *Die magische Pforte*, Bauer Verlag, Freiburg o.J.

Webster, Richard, *Engel helfen*, Güllersheim 2004

Wehr, Gerhard, *Kabbala*, Diederichs, München 2002

Engel-Literatur im Aquamarin Verlag:

Armstrong Fraser, Gwennie, *Im Licht der Engel*, Grafing 1997

Augsburg, Gabriele P., *Engel-Visionen*, Grafing 2001

Baertz, Liselotte, *Die Engel von Geburt und Tod*, Grafing 2000

Booth, Mike, *Archangeloi*, Grafing 2005

Fox, Sabrina, *Der klitzekleine Engel*, Grafing 2001

Gertsch, Elisabeth, *Die Engel an unserer Seite*, Grafing 1999

Hodson, Geoffrey, *Engel und die Entwicklung des Lebens*, Grafing 2004

Maclean, Dorothy, *Du kannst mit Engeln sprechen*, Grafing 2005

dies., *Die Engel der Länder und Völker*, Grafing 2005

Michel, Peter, *Der Sternenengel*, Grafing 1998

Newhouse, Flower A., *Die Engel der Natur*, Grafing 1996

dies., *Engel und Devas*, Grafing 2002
Newhouse, Flower A.; Isaac, Stephen, *Im Reich der Erzengel*, Grafing 2005
Salzmann, Marlies, *Die kleinen Engel, 45 Karten*, Grafing 1999
dies., *Die kleinen Engel leben bewusst*, Grafing 2005
Smith, Robert C., *Schutzengel und Heilengel*, Grafing 2005
Stolp, Hans, *Mit Engeln leben*, Grafing 2003
Tayler, Terry Lynn, *Die Engel waren zur Stelle. Wunderbare Berichte vom hilfreichen Wirken höherer Wesen*, Grafing 1995
White Eagle, *Naturgeister und Engel*, Grafing 2000
Wülfing, Sulamith, *Engel*, Grafing 1995
Das Engel-Orakel, 40 Karten, Grafing 1996
Engelwesen, Aquamarin, 2000
Engelwesen und Naturgeister, Grafing 2002
Himmelslicht – Weisheitsworte der Engel. Engelkarten, Grafing 2005

Richard Webster

Die großen Erzengel: Michael

Das Wirken der Erzengel im Himmel und auf Erden

Paperback, 160 Seiten,
ISBN 978-3-89427-547-1

Die großen Erzengel: Raphael

Das Wirken der Erzengel im Himmel und auf Erden

Paperback, 168 Seiten,
ISBN 978-3-89427-549-5

Die großen Erzengel: Uriel

Das Wirken der Erzengel im Himmel und auf Erden

Paperback, 168 Seiten,
ISBN 978-3-89427-349-1

Die erste umfassende Dokumentation über das Wirken der großen Erzengel in Geschichte und Gegenwart!
In vier Einzelbänden beschreibt Richard Webster in beeindruckender Weise das wundervolle Wirken der majestätischen Engelwesen, die als Botschafter Gottes zwischen den Menschen und den himmlischen Welten vermitteln.
Neben den Schilderungen ihres segensreichen und beschützenden Eingreifens enthält jeder Band auch Übungen, um das Bewusstsein des Menschen zu öffnen und einzustimmen auf die lichtvollen Erzengel.
So kann der Einzelne schrittweise zu einem erwachten Mitarbeiter im großen göttlichen Lebensplan heranreifen.
Ein Meisterwerk, das wahrhaft Türen in die strahlenden Lichtreiche der großen Erzengel öffnet!